Inhaltsverzeichnis

Wie du mit diesem Schulaufgabentrainer arbeiten kannst 4

Schreiben

1 „Vegetarierinnen und Vegetarier auf dem Vormarsch!" –
Eine eingliedrige Erörterung anhand von Material schreiben 5

2 „E-Scooter: Das Fortbewegungsmittel der Moderne?" –
Eine zweigliedrige Erörterung anhand von Material schreiben 12

3 „Bücher lesen: Nein, danke!" –
Eine materialgebundene Erörterung schreiben 24

Mit Texten und Medien umgehen

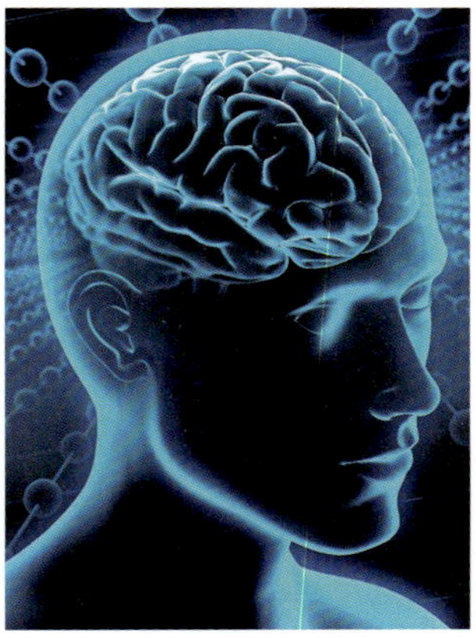

4 „Pubertät – Baustelle im Großhirn" –
Einen journalistischen Text beschreiben 34

5 „Schönhauser Allee im Regen" –
Einen literarischen Text beschreiben 44

6 „Burkina Faso: Kinderarbeit in Goldminen" –
Eine Reportage erschließen 52

7 Christian Linker: „Blitzlichtgewitter" –
Einen Auszug aus einem Jugendbuch beschreiben 66

Wie du mit diesem Schulaufgabentrainer arbeiten kannst

Dieses Trainingsheft hilft dir, die Schulaufgaben und Tests im Fach Deutsch in der 9. Klasse gut vorzubereiten.

Wie bereitest du dich mit diesem Heft auf die Schulaufgaben vor?

Die folgende Übersicht zeigt dir, welche Arten von Schulaufgaben du in der 9. Klasse erwarten kannst.

a) Kreuze an, welche Schulaufgabe du demnächst schreiben wirst. Frage, wenn du unsicher bist, bei deiner Deutschlehrerin/deinem Deutschlehrer nach.

b) In der Zeile, die du angekreuzt hast, sind Seitenzahlen angegeben. Bearbeite diese Seiten konzentriert, dann bist du gut vorbereitet.

Kreuze hier an	Kapitel	Schulaufgabentyp	Seiten
☐	1	Du **verfasst** eine **eingliedrige Erörterung anhand von Material** zum Thema vegetarische Ernährung.	5–11
☐	2	Du **verfasst** eine **zweigliedrige Erörterung anhand von Material** zum Thema E-Scooter.	12–23
☐	3	Du **schreibst** eine **materialgebundene Erörterung** zum Thema Bücher lesen.	24–33
☐	4	Du **beschreibst** einen **journalistischen Text.**	34–43
☐	5	Du **beschreibst** einen **literarischen Text.**	44–51
☐	6	Du **erschließt** eine **Reportage.**	52–65
☐	7	Du **beschreibst** einen **Auszug aus einem Jugendbuch.**	66–80

In den Kapiteln 1 bis 7 bereitest du dich auf zusammenhängende Texte vor. Die Kapitel sind alle gleich aufgebaut:

- Das Kapitel wird durch ein Beispiel für eine **Schulaufgabe** eröffnet. Dieses Beispiel sollst du aufmerksam lesen, aber noch nicht gleich bearbeiten.
- In **Abschnitt A** wird geklärt, was in der jeweiligen Schulaufgabe von dir verlangt wird.
- In **Abschnitt B** sammelst du Ideen und Material für den jeweiligen Test.
- In **Abschnitt C** erstellst du einen Schreibplan, der dir hilft, deine Ideen zu strukturieren und übersichtlich anzuordnen.
- In **Abschnitt D** trainierst du unterschiedliche Bereiche, die du für die jeweilige Schulaufgabenart beherrschen musst.
- In **Abschnitt E** verfasst du einen eigenen Text, den du anschließend überarbeitest und mit der Musterlösung vergleichst.

Wie überprüfst du deine Ergebnisse?

- Die **Checklisten** in den Kapiteln 1 bis 7 zeigen dir, worauf du bei der Kontrolle deiner Texte achten solltest.
- Diesem Heft liegt ein **Lösungsheft** bei. Darin findest du Musterlösungen, sodass du deine Ergebnisse jederzeit selbst überprüfen und korrigieren kannst.

1 „Vegetarierinnen und Vegetarier auf dem Vormarsch!“ – Eine eingliedrige Erörterung anhand von Material schreiben

Hier siehst du eine mögliche Aufgabenstellung für eine Schulaufgabe. Lies sie aufmerksam durch, beginne aber nicht gleich mit dem Schreiben, sondern bearbeite die Übungen auf den Seiten 6–11.

Schulaufgabe

Viele Menschen ernähren sich zunehmend vegetarisch. Was spricht für eine solche Ernährung?

1. Verfasse zu dem Thema eine vollständige Erörterung mit Einleitung, Hauptteil und Schluss. Im Hauptteil sollen mindestens vier Argumentationen ausgeführt werden.
2. Dein Aufsatz muss eine Gliederung enthalten.

Material 1

Quelle: https://www.global2000.at/fleisch-mythen#%20/, abgerufen am 27.01.2021

Material 2

Ein fleischfreier Tag in der Woche würde bewirken, dass ...

- die Gefahr sinkt, an Diabetes, Darmkrebs oder Herz-Kreislauf-Störungen zu erkranken. Wer also nicht ganz auf Fleisch verzichten möchte, würde sich selbst schon einen Gefallen tun, wenn er seinen Fleischkonsum reduziert.
- weniger Tiere sinnlos sterben müssten. Jährlich landen in Deutschland etwa 300 000 Tonnen Fleisch im Müll. Allein 20 % aller Schweine sterben bereits vor der Schlachtung.

Material 3: Wie gesund ist vegetarische Ernährung?

Schon Anfang der achtziger Jahre haben die Universität Gießen, das Krebsforschungszentrum Heidelberg und das Bundesgesundheitsamt Berlin drei große Vegetarierstudien unabhängig voneinander durchgeführt – mit erstaunlichen Erkenntnissen. Demnach haben Vegetarier günstigere Blutdruckwerte, ein besseres Körpergewicht, eine höhere Lebenserwartung und eine geringere Anfälligkeit gegen Krebs und Herz-Kreislauf-Erkrankungen.*

Material 4

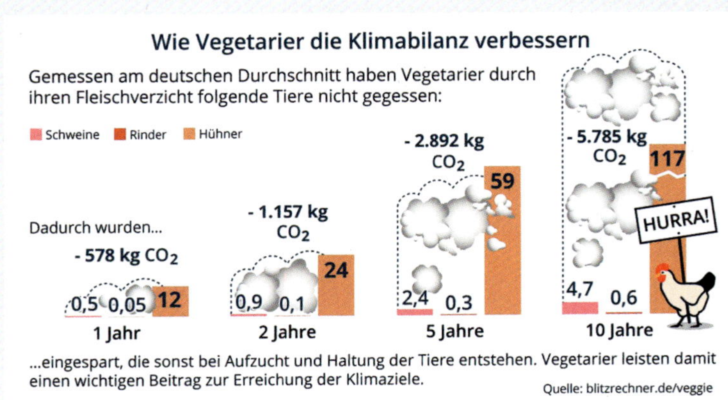

Quelle: https://www.presseportal.de/pm/114339/4479595, abgerufen am 27.01.2021

Material 5: Vegetarische Ernährung – Eine Vielzahl an Gründen

In Deutschland ist es jeder Zehnte, weltweit etwa jeder Zwanzigste, in Asien sogar jeder Fünfte: Vegetarier. Die Gründe dafür sind vielfältig und oftmals kulturabhängig, teils gesundheitlicher, teils religiöser, teils ethischer Natur. Sie alle vereint jedoch die Chance, Einfluss auf die Gesundheit unseres Planeten und unserer Gesellschaft zu nehmen. Die Fleischindustrie ist nicht nur mit fast 15 % der Emissionen von Treibhausgasen am menschengemachten Klimawandel beteiligt. Die Produktion von Wurst & Co. verschlingt zudem auch ein Drittel der gesamten Landfläche weltweit, ob zur Viehhaltung oder zum Anbau von Futtermitteln. Hinzu kommt ein enormer Wasserverbrauch: So schätzen Experten, dass für die Produktion von 1 kg Schweinefleisch fast 5 500 Liter Frischwasser verbraucht werden, für 1 kg Rindfleisch sogar über 15 000 Liter. Insgesamt verschlingt die Viehwirtschaft 50 % des weltweiten Frischwassers. Daher nimmt mittlerweile eine steigende Anzahl Menschen Messer und Gabel in die Hand, um die Ressourcen der Erde zu schonen.

Material 6: Massentierhaltung – eine Frage der Haltung

Kommentar von Tierliebhaber

Weil meiner Meinung nach jeder, der Fleisch aus Massentierhaltung kauft, eine Mitschuld trägt, esse ich kein Fleisch. Damit lebe ich gesund und schütze die Tiere. Leider weiß jeder, was die Tiere durchmachen, aber weil es so bequem und günstig ist, kauft es trotzdem jeder. Super! Wenn ihr schon nicht ganz verzichten wollt, schaut doch wenigstens z. B. beim Eierkauf auf die Packung und entscheidet euch für Freilandhaltung.

A Was wird von dir verlangt?

1 Entscheide, welche der folgenden Aussagen zu einer Erörterung passen.
Notiere dazu die Buchstaben der zutreffenden Aussagen unten in den Kästchen.

In einer Erörterung ...

- E berücksichtige ich den üblichen Aufbau eines Aufsatzes in Einleitung, Hauptteil und Schluss.
- Q enthält bereits die Einleitung Behauptungen zu dem Thema.
- R muss ich in der Einleitung einen Gedanken ausführen, der zum Thema passt.
- N endet die Einleitung mit dem Thema als Frage oder Aussage.
- A muss ich meine Argumentationen in der Reihenfolge schreiben, die ich in der Gliederung verwendet habe.
- V muss ich im Hauptteil deutlich machen, welche Meinung ich persönlich vertrete.
- T darf ich lebendig und spannend schreiben.
- e besteht jede Argumentation aus Behauptung, Begründung und Beispiel.
- H führe ich immer wieder zu meiner Behauptung zurück.
- K darf ich etwas ergänzen, was nur am Rande mit dem Thema zu tun hat.
- R darf ich nur das schreiben, was im Thema verlangt ist.
- B will ich meine Leser/-innen von meiner Meinung überzeugen.
- U schreibe ich nicht in der Ich-Form.
- N formuliere ich sachlich und logisch.
- G belege ich meine Begründungen durch Zahlen und Fakten aus dem Material.

Lösungswort: e r n a e h r u n g

B Die Erörterung planen

Das Thema analysieren

1 Streiche im Folgenden falsche Begriffe durch, ergänze den Satz oder kreuze die richtige Aussage an.

A Bei dieser Erörterung handelt es sich um ein eingliedriges/zweigliedriges Thema.

B Es geht darin um vegetarische Ernährung.

C Die Frage ist, welche Aspekte für/gegen vegetarische Ernährung sprechen.
Mit „Was spricht für“ ist gemeint, welche Nachteile/positiven Auswirkungen/Folgen/Gründe vegetarische Ernährung hat.

D Mit „vollständiger Erörterung“ ist gemeint, dass die Erörterung ...

- [ ] drei Seiten lang sein muss.
- [x] in drei Teile gegliedert ist.
- [ ] nur eine Einleitung und einen Schluss hat.
- [ ] alle in Frage kommenden Punkte ansprechen muss.

Wie viele Argumentationen du ausführen musst, wird durch deine Lehrkraft festgelegt.

Das Material auswerten und Informationen herausfiltern

Bevor du beginnst, das Material ausführlich auszuwerten und Informationen herauszufiltern, ist es sinnvoll, dass du selbst deine Gedanken zur Themafrage notierst.

2 **a** Lies die Materialien konzentriert und mit einem Stift in der Hand, um wichtige Stellen zu unterstreichen.

b Übertrage die folgende Tabelle in dein Heft und fülle sie aus, indem du zusammenfasst, welchen Aspekt das jeweilige Material berücksichtigt und ob du es für die Einleitung, den Hauptteil oder den Schluss verwenden könntest.

Material 1	Vegetarier leisten einen wichtigen Beitrag zum	Hauptteil
	Klimaschutz	
	genannte Zahlen:	
Material 2	...	...
Material ...	...	...

3 Schau dir die Grafik in Material 4 noch einmal genau an.

a Fasse zusammen, welche Informationen die Grafik vermittelt. Ergänze dazu den folgenden Satz.

Durch vegetarische Ernährung wird ________________ verbessert, weil deutlich weniger ________________ produziert wird.

Grafiken müssen genau ausgewertet werden. Mache dir dazu Notizen bzw. markiere die wichtigsten Fakten.

b Markiere die Zahlen, die dir helfen, deine Behauptung zu unterstützen. Entscheide, ob du dich auf die Einsparung eines Jahrs oder mehrerer Jahre beziehen willst.

c Ergänze die folgende Aussage aus dem Diagramm:

Wenn man ein ganzes Jahr auf Fleisch verzichtet, kann man 520 kg CO2 einsparen.

d Für die Begründung in deiner Argumentation ist außerdem wichtig, warum man durch fleischlose Ernährung so viele klimaschädliche Gase und Frischwasser einsparen kann. Schau dir Material 4 und 5 noch einmal genau an, denn darin sind diese Angaben enthalten. Ergänze dazu den folgenden Lückentext.

Durch die Aufzucht und Haltung der Tiere entstehen diese umweltschädigenden Gase. Wenn man also keine Tiere mehr züchtet und füttert, reduziert sich der Schadstoffausstoß

In Material 5 ist ein weiterer Grund genannt: das Einsparen von Wasser.

Dabei verbraucht die Herstellung von 1 kg Schweinefleisch fast 5500 Liter Frischwasser, bei Rindfleisch sind es sogar 15000 Liter. Die Viehwirtschaft verbraucht damit 50% des weltweiten Frischwassers.

4 Im Material wird auch der große Wasserverbrauch durch Viehhaltung angesprochen. Gehe alle Materialien durch und schreibe auf, wo bzw. welche Infos du dazu findest:

Material 3: Viehhaltung hat einen hohen Wasserverbrauch zur Folge, weil die Landwirtschafftlichen Flächen bewässert werden müssen.

Material 1 bietet dazu eine Gegenüberstellung: Wenn man Pflanzen anbaut, um sie an Tiere zu verfüttern, braucht man 5 mal so viel Land wie für vegetarische Ernährung.

Das beigefügte Material bietet nicht zu allen möglichen Punkten ausführliche Informationen. Oft ist nur die Behauptung vorgegeben und du musst selbst überlegen, wie die Zusammenhänge sind. Teilweise sind auch nur Beispiele genannt und die vollständige Begründung wird von dir erwartet.

Die Gliederung erstellen

5 Filtere aus der erstellten Tabelle heraus, welche Punkte sich als Gliederungspunkte eignen.

Beispiel: Vegetarier leisten einen wichtigen Beitrag zum Klimaschutz
→ Wichtiger Beitrag zum Klimaschutz

Notiere drei weitere Punkte, die sich gut als Gliederungspunkte eignen.

Gesundheit

Vegetarische Ernährung ist deutlich besser

Verbesserung der Klimabilanz

Wähle nur solche Punkte für die Gliederung aus, aus denen sich eine Behauptung und im Aufsatz selbst eine überzeugende Begründung erstellen lässt. Formuliere die Gliederungspunkte im Nominalstil.

6 Überlege, was du bei Teil A (der Einleitung der Gliederung) anführen könntest.
Auch da bietet dir das Material Informationen.
Entscheide, warum die beiden folgenden Aspekte ungeeignet sind.
Schreibe die jeweiligen Buchstaben in das richtige Kästchen.

A Heutzutage haben viele Menschen Mitleid mit Tieren.
B Mehr als 20 Prozent der Weltbevölkerung ernähren sich vegetarisch.

☐ nimmt etwas aus dem Hauptteil vorweg

☐ ist kein eigenständiger Gedanke

[B] ist eine falsche Information

[A] ist eine vage, schwer zu belegende Behauptung

7 Den Teil C (für den Schluss) kannst du in der Gliederung zunächst noch offen lassen und erst am Ende festlegen. Überlege, was im Schluss nicht stehen darf. Streiche diese Vorschläge durch.

Nicht vergessen, C am Schluss noch zu ergänzen!

Wortspeicher

Probleme durch vegetarische Ernährung • ~~Lösungsvorschläge~~ • Persönliche Erfahrungen • ~~Erklärung, was ein/-e Veganer/-in~~ ist • ~~weitere Gründe, die im Hauptteil nicht erläutert wurden~~

Die Einleitung schreiben

8 Notiere in deinem Heft Ideen für die Einleitung.
Achte darauf, eine flüssige Überleitung zur Themafrage herzustellen.

9 Die Themafrage darf umformuliert, aber nicht verändert werden.
Kreuze an, was möglich ist, ohne den Sinn zu verändern.

☐ Positive Auswirkungen vegetarischer Ernährung

☐ Was spricht dafür, sich vegetarisch zu ernähren?

☐ Aus welchen Gründen ernähren sich Menschen vegetarisch?

☐ Welche Vorteile hat vegetarische Ernährung?

☐ Gute und schlechte Beweggründe, Vegetarier/-in zu werden

C Argumentationen folgerichtig aufbauen

1 Wie eine Argumentation aufgebaut ist, hast du bereits im Unterricht gelernt. Schreibe auf die folgenden Zeilen die drei Bs, die zu einer vollständigen Argumentation gehören:

____

2 Was versteht man unter einer Abrundung?
Kreuze an:

☐ eine Wiederholung der These

☐ eine Verbindung zur These oder zum Thema

☐ eine Erweiterung des Themas

3 Kontrolliere, ob die folgende Argumentation den gelernten Kriterien entspricht.

a Teile die Argumentation in die drei Bs ein.
Unterstreiche dazu blau, orange und grün.

b Schreibe die vollständige Argumentation mit einer passenden Abrundung in dein Heft.

Menschen, die sich vegetarisch ernähren, machen das oft auch aus Rücksicht auf das Tierwohl. Bilder von Tiertransporten oder Tierhaltung in viel zu kleinen Ställen haben sie dazu bewogen, sich fleischlos zu ernähren. Jmmer wieder gibt es im Fernsehen Dokumentationen über die unhaltbaren Zustände durch Massentierhaltung, wo die Tiere viel zu wenig Platz haben und sich deshalb sogar gegenseitig angreifen. Man kann dann bei Schweinen Bissspuren der Artgenossen erkennen oder bei Hühnern fehlende Federn ...

4 Die folgende Argumentation enthält Fehler. Sie sind im Text bereits angestrichen. Verbessere die Argumentation und schreibe die verbesserte Version in dein Heft.

Eine weitere Folge ist die Verschmutzung des Wassers. Stallhaltung sowie Freilandhaltung haben zur Folge, dass Grund- und Oberflächenwasser durch die Tiere verschmutzt wird. Oft brauchen z. B. Rinder auch Trinkwasser und für die Futterpflanzen wird total viel Wasser verschwendet. 70 % des Frischwassers werden dafür gebraucht. Das ist wirklich ärgerlich, weil eh schon in vielen Teilen der Erde Trinkwasser knapp wird. Wer sich also Sorgen macht, ob auch zukünftige Generationen noch genügend zu trinken haben, wird unweigerlich zu dem Schluss kommen, seinen Beitrag durch vegetarische Ernährung zu leisten.

Es geht nicht um Folgen!
Genauer! / Stimmt so nicht!
Konkreter benennen
A / Quelle angeben
sachlicher! / umgangssprachlich

Material passend einbauen – richtig zitieren

Wenn du Informationen aus dem Material verwendest, musst du auch angeben, wo man diese findet.
Dazu gibt es verschiedene Möglichkeiten.

5 **a** Unterstreiche in den folgenden Sätzen die Stellen, die auf das Material Bezug nehmen.

b Ordne dann zu, welche Möglichkeit genutzt wurde.
Schreibe dazu die Nummer hinter den jeweiligen Satz.

1 Material in Klammern angegeben
2 Material in den Satz eingebaut.

Wie in Material 2 angegeben, leiden Fleischesser fünfmal so häufig an ernährungsbedingten Krankheiten wie Vegetarier. ☐

Drei große Studien zum Gesundheitszustand von Vegetariern haben außerdem ergeben, dass sie durch ihre Ernährungsweise deutlich weniger Krankheiten wie Bluthochdruck oder sogar Krebs bekommen und vermutlich auch deshalb eine höhere Lebenserwartung haben (vgl. Material 3). ☐

Material 5 verdeutlicht die Gründe, die für und gegen eine vegetarische Ernährung sprechen. ☐

D Den Schluss formulieren

1 Streiche im Wortspeicher durch, was man im Schlussteil nicht schreiben darf.

Wortspeicher

ausdrücken, dass einen das Thema nicht interessiert • den eigenen Fleischkonsum verteidigen • an die Menschen appellieren, weniger Fleisch zu essen • Vegetarier beschimpfen • die Folgen für die Landwirte ansprechen • andere Möglichkeiten des Klimaschutzes ansprechen

Im Schluss bist du relativ frei. Die einzige Vorgabe ist, dass du wieder sachlich schreibst und dich sachlich mit dem Thema auseinandersetzt. Auch wenn du jetzt deine persönliche Meinung schreiben darfst, ist es nicht erlaubt, Umgangssprache zu benutzen.

2 Überlege, was bei diesem Schluss falsch gemacht wurde. Kreuze die Fehler an, die du erkennst und verbessere den Schluss in deinem Heft.

- [ ] zu lang
- [ ] zu kurz
- [ ] zu wenig sachlich
- [ ] zu emotional
- [ ] zu umgangssprachlich
- [ ] zu wenige Fakten
- [ ] rundet nicht ab
- [ ] passt nicht zum Thema

Ich finde es ganz schrecklich und mir kommen die Tränen, wenn ich sehe, wie Tiere leiden müssen, nur damit wir sie essen können. Da kann ich echt nur schreien. Warum machen Menschen sowas?

3 Schreibe deine Erörterung zum gestellten Thema. Du kannst dazu deine bisherigen Ergebnisse verwenden. Überprüfe deinen Text anschließend mit Hilfe der Checkliste.
Schreibe in dein Heft.

Checkliste

Ja	Nein	
☐	☐	Hast du das **Thema, Schlüsselbegriffe** und **Einschränkungen** erschlossen?
☐	☐	Hast du das beiliegende **Material** berücksichtigt und die Quellenangabe (wenn bekannt) in deinen Text eingearbeitet?
☐	☐	Hast du in der **Gliederung** auf einen einheitlichen Stil (Nominalstil) geachtet?
☐	☐	Passen die **Gliederungspunkte des Hauptteils** (= Argumente) zur jeweiligen **Themafrage?**
☐	☐	Hast du inhaltlich ähnliche Punkte in der Gliederung vermieden?
☐	☐	Sind die Gliederungspunkte aussagekräftig formuliert, sodass sie eine klare Antwort auf die jeweilige Themafrage sind?
☐	☐	Hast du in der Einleitung auf eine **logische Überleitung zur Themafrage** geachtet?
☐	☐	Sind deine **Argumentationen** logisch und nachvollziehbar aufgebaut mit Behauptung – überzeugender Begründung – Beispiel – Rückführung/Schlussfolgerung?
☐	☐	Ist dein **Schluss** aussagekräftig, indem du hier z. B. deine eigene Meinung zur Themafrage begründest oder Vorschläge, Wünsche bzw. Forderungen äußerst?
☐	☐	Hast du darauf geachtet, im Schluss keine neuen Argumentationen anzuführen?
☐	☐	Hast du alle Teile deiner Erörterung durch **Überleitungen** miteinander verknüpft?
☐	☐	Ist dein **Sprachstil** sachlich, abwechslungsreich und flüssig, indem du Wiederholungen (z. B. „man", „auch", „wenn"-Sätze, „dass"-Sätze) und einen unübersichtlichen Satzbau vermieden hast?

2 „E-Scooter: Das Fortbewegungsmittel der Moderne?" – Eine zweigliedrige Erörterung anhand von Material schreiben

Hier siehst du eine mögliche Aufgabenstellung für eine Schulaufgabe. Lies sie aufmerksam durch, beginne aber nicht gleich mit dem Schreiben, sondern bearbeite die Übungen auf den Seiten 14–23.

Schulaufgabe

Immer mehr E-Scooter halten Einzug in Deutschlands Großstädte. Welche Gründe gibt es dafür? Welche negativen Auswirkungen hat dieser Trend? Gehe bei der Erörterung so vor:

1. Verfasse eine Erörterung mit drei Argumentationen pro Themafrage.
2. Verfasse eine aussagekräftige Einleitung und einen sinnvollen Schluss. Berücksichtige dabei umfassend die beigefügten Materialien.
3. Dein Aufsatz soll auch eine Gliederung enthalten.

Die genaue Anzahl der **auszuformulierenden Argumentationen** legt die Lehrkraft fest. Sie kann variieren.

Material : Große Illusion

[...] Es schwingen auch viele Illusionen bei dieser „neuen Mobilität" (Verkehrsminister Andreas Scheuer) mit. Wer glaubt, E-Scooter seien unter ökologischen Aspekten fast so gut, wie mit dem Fahrrad zu fahren oder zu Fuß zu gehen, täuscht sich. Die Leihroller haben eine Lebensdauer von nur wenigen Monaten, danach werden sie zu Elektroschrott. Und weil sich solche Teile nun mal nicht von selber laden, werden sie von Transportern eingesammelt und mit vollem Akku wieder verteilt. Es wird nicht lange dauern, und jemand wird ausrechnen, wie viele zusätzliche Dieselkilometer dadurch zusammenkommen.

Auch der Preis wird gerne ausgeblendet. E-Scooter sind für kurze Strecken in der Stadt nämlich eine besonders teure Form der Mobilität. Denn ihre Nutzung wird nicht nach Kilometern, sondern nach der Zeit berechnet, zuzüglich einer Freischaltungsgebühr. Das bedeutet, dass an jeder roten Ampel der Zähler unerbittlich weiterläuft. Wer etwa in München für seine sogenannte letzte Meile jeden Werktag für 15 Minuten einen E-Scooter nutzt, zahlt deutlich mehr als für ein Monatsticket des ÖPNV. [...]*

Quelle: https://www.sueddeutsche.de/politik/contra-e-scooter-grosse-illusion-1.4562703 [21.01.2021]

Material Meinungen aus einem Chatroom

Olibär Wart ihr schon mal mit einem E-Scooter unterwegs? Als ich letztes Wochenende mit meiner Jugendgruppe in Köln war, habe ich mir einen gemietet. Leute, das hat so richtig Spaß gemacht. Besser als Laufen oder Busfahren. Die fahren bis zu 20 km/h. Damit ist man so schnell!

Matrix Von den Rollern kann ich auch ein Lied singen! Hier in München stehen sie auch an jeder Ecke. Das schaut manchmal echt übel aus.

Flip39 Seh ich genauso! Ich finde besonders das Mieten super! So muss man nicht mehrere hundert Euro ausgeben. Mittlerweile gibt es auch schon einige Anbieter.

Sunny Da kann ich jetzt nicht mitreden, ich stand noch nie auf so einem Teil. Aber mein Bruder, der in Berlin studiert, ist total begeistert. Sein Auto lässt er jetzt immer öfter stehen. Mit dem E-Scooter findet er zumindest immer einen Parkplatz, meint er.

Material 3: Headline aus einer Gastronomiezeitschrift

E-Scooter in den Hotels: Neue Perspektiven

Material 4 Cartoon

Material 5:

Auszug aus einem Automobilratgeber

Für die Umwelt sind E-Roller vorteilhaft: Ihre energieeffizienten Elektromotoren erzeugen lokal keine Emissionen. Sie setzen in den belasteten Innenstädten weder Abgasschadstoffe noch nennenswerten Lärm frei. Durch die Verwendung von Ökostrom aus regenerativen Quellen wie Sonnen-, Wind- oder Wasserkraft verbessert sich die Umweltbilanz nochmals.*

Material 6: Grafik

Quelle: https://www.presseportal.de/pm/36522/4271873

Material 7: Beginn eines Online-Artikels

Bundeskabinett stimmt Zulassung von E-Tretrollern zu (Mai 2019)

Nach dem Bundesrat hat auch das Kabinett von Angela Merkel der Zulassung zugestimmt: Der E-Roller kommt – nur wann, ist nicht klar.

Die letzte Hürde für ein Gesetz zur Zulassung von Elektro-Tretrollern ist genommen: Das Bundeskabinett hat den Vorgaben für die Zulassung zugestimmt. Am Freitag hatte der Bundesrat die Pläne von Bundesverkehrsminister Andreas Scheuer (CSU) akzeptiert, allerdings mit Änderungen: Die Länderkammer forderte, dass die E-Roller grundsätzlich erst für Jugendliche ab 14 Jahren erlaubt werden. Den Vorschlag, langsamere Modelle schon für Kinder ab zwölf Jahren zuzulassen, lehnte der Bundesrat ab.*

A Was wird von dir verlangt?

1 Verschiedene Schüler/-innen äußern sich zu der Aufgabenstellung. Kreuze an, welche Aussagen richtig sind.

- [x] „Hier liegt ein zweigliedriges Erörterungsthema vor."
- [ ] „Die Argumentationen kann ich vom Material abschreiben, wenn ich angebe, woher ich die Infos habe."
- [ ] „Eigene Ideen haben hier nichts verloren."
- [x] „Zu Beginn muss ich das beiliegende Material auswerten."
- [x] „Aus dem Material darf ich keine Textstellen abschreiben."
- [x] „Die ausformulierten Argumentationen müssen in ihrer Reihenfolge der Gliederung entsprechen."
- [x] „Sobald ich mich auf das Material beziehe, muss ich dieses kenntlich machen."
- [x] „Es müssen nicht alle Materialien verwendet werden."
- [ ] „Ich darf kein Material für die Gliederung und den Schluss verwenden."

B Die Erörterung planen

Das Thema analysieren

1 Um bei der Auswertung des Materials zielgerichtet vorgehen zu können, solltest du die Themafrage genau untersuchen.

a Unterstreiche in der Themenstellung der Schulaufgabe das Thema, alle Schlüsselbegriffe und Einschränkungen jeweils in einer anderen Farbe.

b Korrigiere den folgenden Text zur Themafrage. Markiere Falsches und verbessere es auf den Linien.

> Um **überzeugend argumentieren** zu können, musst du **alle Aspekte des Themas** erkennen und verstehen. Folgende Fragen können dir dabei helfen:
> 1 Welches Thema wird angesprochen? (= **Themabegriff**)
> 2 Welche Aspekte muss ich genauer untersuchen? (= **Schlüsselbegriffe**)
> 3 Ist das Thema **eingeschränkt,** z. B. auf Jugendliche?

Das Thema handelt von E-Scootern, die man sich ausleihen kann. Bei der ersten Themafrage geht es darum, Möglichkeiten zu finden, warum E-Roller immer häufiger Verwendung finden. In der zweiten Themafrage muss man sich mit den Folgen der E-Scooter auseinandersetzen. ~~Das Thema handelt von~~ dem wachsenden Trend ~~zu~~ von E-Scootern in Deutschlands Großstädten.

~~Rein~~ Gründe ~~ein~~ aufzuzählen

negativen Folgen / Steigende Nutzung von E-Scootern

Um eine **Themaverfehlung zu vermeiden,** ist es hilfreich, wenn du dir **Synonyme** zu den einzelnen Formulierungen der Themafrage **überlegst:**

- Ursache, Warum ...?, Wodurch ...? = Grund
- positive Auswirkung = Was spricht dafür ...?
- Schwierigkeiten, negative Aspekte/Auswirkungen = Was spricht dagegen ...?
- Wie ...?, Womit ...? = Mit welchen Maßnahmen?

2 Welche Fragen beziehen sich auf das gestellte Thema? Kreuze zutreffende an.

- Warum fahren Jugendliche so gern mit dem E-Scooter?
- Warum erfreuen sich E-Scooter immer größerer Beliebtheit?
- Welche Gefahren sind zu berücksichtigen?
- Warum sind E-Scooter in Kleinstädten keine Alternative?
- Welche Nachteile sind mit E-Scootern verbunden?
- In welchen Situationen sind E-Scooter unbrauchbar?
- Wie ist der Erfolg dieser alternativen Verkehrsmittel zu erklären?

C Das Material auswerten

Bei einer **materialgebundenen Erörterung** erstellst du deine **Stoffsammlung** auf Grundlage der Fakten und Denkansätze aus den einzelnen Materialien.

1 Untersuche Material 6 genauer.

a Überprüfe die folgenden Aussagen mit Hilfe der Grafik. Kreuze Zutreffendes an und verbessere falsche Aussagen.

- 18 Prozent der jungen Erwachsenen geben an, einen E-Scooter mieten zu wollen.
- Fast die Hälfte der Befragten kann sich nicht vorstellen, einen E-Roller bei Bedarf zu kaufen.
- Über 15 Prozent der Deutschen sind gegen die Zulassung dieser Roller im Straßenverkehr.
- Fast ein Viertel der Befragten zeigt sich bezüglich der Sicherheit der Fußgänger besorgt.
- Mehr Menschen würden sich eher einen E-Scooter mieten, als sich einen zu kaufen.

b Fasse die wichtigsten Aussagen der eingekreisten statistischen Zahlen zusammen. Gib an, wo du diese in deine Erörterung einbauen könntest.

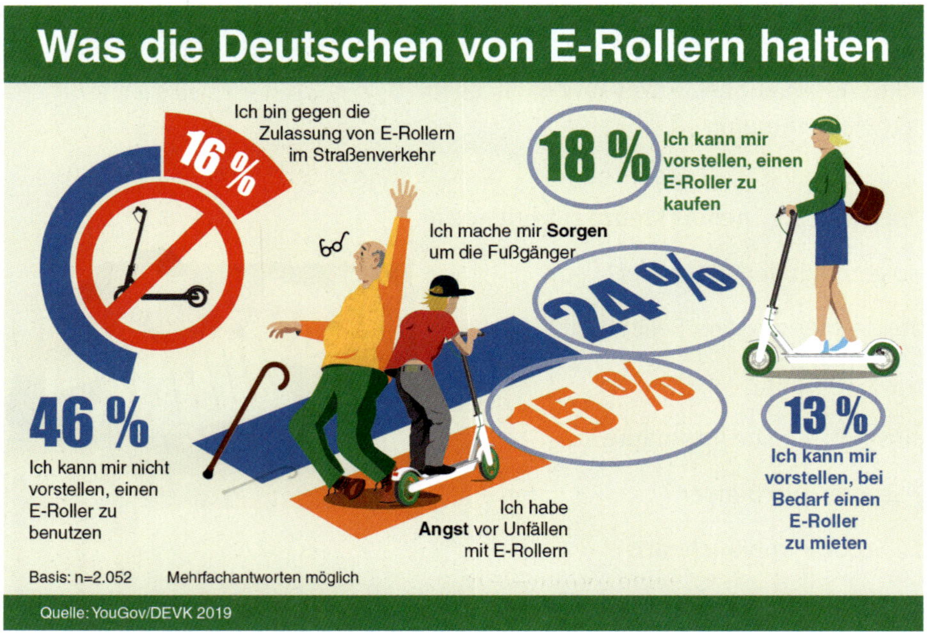

2 Untersuche Material 2. Welche Aspekte werden hier angesprochen? Markiere sie und notiere je eine passende Behauptung zu den jeweiligen Aussagen:

Olibär	*„hat so richtig Spaß gemacht“ = hoher Spaßfaktor*
Matrix	
Flip39	
Sunny	

3 Der erste Abschnitt aus Material 1 wurde bereits bearbeitet.

a Verbinde die Schülernotizen mit den passenden markierten Passagen. Streiche die falsche Anmerkung in der Randspalte durch.

[…] Es schwingen auch viele Illusionen bei dieser „neuen Mobilität“ (Verkehrsminister Andreas Scheuer) mit. Wer glaubt, E-Scooter seien unter ökologischen Aspekten fast so gut, wie mit dem Fahrrad zu fahren oder zu Fuß zu gehen, täuscht sich. Die Leihroller haben eine Lebensdauer von nur wenigen Monaten, danach werden sie zu Elektroschrott. Und weil sich solche Teile nun mal nicht von selber laden, werden sie von Transportern eingesammelt und mit vollem Akku wieder verteilt. Es wird nicht lange dauern, und jemand wird ausrechnen, wie viele zusätzliche Dieselkilometer dadurch zusammenkommen.

Begründung (II.)

Behauptung (II.)

Beispiel (II.)

b Formuliere auf Grundlage der Textpassage eine Behauptung, die eine negative Auswirkung darstellt.

Behauptung (negative Auswirkung): ____________________

____

c In dem Materialausschnitt findet sich eine weitere Begründung. Unterstreiche sie.
d Damit hast du schon eine negative Auswirkung (Behauptung) mit zwei Begründungen gefunden. Ergänze:

So sind die E-Scooter gar nicht so ____________________, wie sie auf den ersten Blick scheinen. Ganz im Gegenteil: Da sie ____________________ haben, entsteht bereits in kurzer Zeit eine Menge ____________________. Außerdem müssen sie regelmäßig von ____________________ eingesammelt werden, die wiederum ____________________ ausstoßen.

e Eine weitere negative Auswirkung (Behauptung) mit Begründung findest du im zweiten Abschnitt von Material 1. Markiere die Stelle in einer anderen Farbe und formuliere in eigenen Worten.

Behauptung: ____________________

____

Begründung: ____________________

____

4 Formuliere auf Grundlage von Material 4 eine Behauptung.

____

____

5 Gehe die Materialien 3, 5 und 7 durch und markiere mit der entsprechenden Farbe und den römischen Zahlen die Aspekte, die du für deine Erörterung brauchen kannst.
Notiere jeweils die Hauptaussage in Stichpunkten.

Den Stoff sammeln und ordnen

6 Um einen besseren Überblick zu bekommen, solltest du deine Ergebnisse ordnen.

a Übertrage die folgende Tabelle in dein Heft und ordne alle Aspekte aus den Materialien stichpunktartig ein. Auf welche Materialien greifst jeweils zurück? Notiere dies in der Spalte „M“.

I. Gründe für die Benutzung der E-Scooter	M	II. Negative Auswirkungen dieses Trends	M
– *hoher Spaßfaktor*	*M2*	– *Verschandelung des Stadtbilds*	*M2*
…	…	…	…

b Finde selbst weitere Ideen zum Thema und trage sie in die Tabelle ein.
c Welche Aspekte sind besonders wichtig und sollten in deiner Erörterung genannt werden? Markiere in jeder Spalte drei Punkte.

Ideen für die Einleitung und den Schluss finden

Die **Einleitung** der **Erörterung** führt **zielstrebig zum Thema** hin. Sie beginnt mit einem **Einleitungsgedanken** (z. B. allgemeine Feststellung, aktuelles Ereignis, Definition, historischer Rückblick, persönlicher Bezug ...). Eine sinnvolle **Überleitung** führt schließlich vom Einleitungsgedanken zur **Formulierung der Themafrage.** Es dürfen keine Argumentationen vorweggenommen werden. Auch für die Einleitung kannst du Informationen aus den Materialien nutzen.

7 **a** Lies Material 7 aufmerksam und halte die Erkenntnisse fest, die man hieraus ziehen kann.

Aus dem Beginn des Zeitungsartikels von Material 7 geht hervor, dass das ______________________

von Angela Merkel im ______________________ der Zulassung von E-Scootern zugestimmt hat.

Eine letzte große Hürde für den Einsatz des E-Scooters wurde damit genommen. Darüber hinaus geht aus dem

Material hervor, dass bereits der ______________________ die Pläne von ______________________

akzeptiert hatte. Allerdings wurden noch Änderungen vorgenommen: ______________________

____.

b Formuliere eine vollständige Einleitung für deinen Aufsatz, in der du die Informationen aus Material 7 sinnvoll einfließen lässt. Schreibe in dein Heft.

Der **Schlussteil** hat die Aufgabe, deine **Erörterung abzurunden.** Er besteht aus einem **zusammenfassenden Satz** und dem **Schlussgedanken** (z. B. persönliche Stellungnahme, weiterführender Gedanke, Ausblick in die Zukunft, gegensätzlicher Gedanke, persönlicher Wunsch ...). Für den Schluss kannst du ebenfalls Material aufgreifen. Bringe aber keine neuen Argumentationen.

8 Lies den folgenden Schluss und kreuze an, welche Möglichkeiten darin verwendet wurden.

Der Schluss ...

- ☐ enthält eine eigene Meinung, die auch begründet wurde.
- ☐ bringt eigene Erfahrungen zum Ausdruck.
- ☐ fasst die wichtigsten Aspekte noch einmal kurz zusammen.
- ☐ blickt in die Zukunft, um die persönliche Sichtweise zu untermauern.

Nachdem nun ausführlich die Gründe sowie die negativen Auswirkungen des Fahrens mit dem E-Scooter erörtert wurden, möchte ich abschließend meine eigene Meinung zur Thematik äußern. Aus meiner Sicht überwiegen die negativen Aspekte, da die kurze Lebensdauer der Leihroller, wie bereits erwähnt, zu unglaublichen Bergen an Elektroschrott führen würde. Stellt man sich vor, dass in fünf Jahren tausende E-Scooter, die man mieten kann, in allen Großstädten unseres Landes unterwegs sind, dann wären all unsere Bemühungen, den Elektromüll zu verringern, umsonst. Die kurze Haltbarkeit der E-Roller steht somit in keinem Verhältnis zu den damit verbundenen Vorteilen.

Eine Gliederung erstellen

9 Erstelle in deinem Heft eine Gliederung zum Thema der Schulaufgabe. Berücksichtige dabei Folgendes:

1. Beachte die richtige Schreibweise der Buchstaben sowie der arabischen und römischen Ziffern.
2. Führe vier Punkte pro Themafrage auf. Nutze dazu deine Stoffsammlung.
3. Nimm auch Argumente in die Gliederung auf, die du selbst gefunden hast.
4. Formuliere im Nominalstil.
5. Die Einleitung und der Schluss werden in einem kurzen Satz ausformuliert.
6. Lasse unwichtige Aspekte, zu denen dir nichts einfällt, weg.

D Die Argumentationen folgerichtig aufbauen

Das Material einbauen

Für jeden Aspekt in deiner Gliederung musst du eine vollständige Argumentation ausformulieren. Beachte dabei den richtigen Aufbau (Behauptung, Begründung, Beispiel). Die Informationen aus den Materialien müssen inhaltlich, sprachlich und formal (= richtig zitiert) passend eingebaut werden. Dazu kannst du den Redebericht, die direkte oder indirekte Rede nutzen. Baue die übernommenen Aussagen möglichst geschickt ein.

1 Im Folgenden wurden die Zitierregeln (S. 60, Umschlaginnenseite) missachtet. Streiche die Fehler an und verbessere die Sätze auf den Linien darunter. Nutze verschiedene Möglichkeiten, die Aussagen einzubauen.

Bundeskabinett stimmt Zulassung von E-Tretrollern zu (Mai 2019) (vgl. M 7) – so lautete die Überschrift, die den Siegeszug der E-Scooter in den Großstädten einläutete.

____

____

____

Eine weitere negative Auswirkung (M 1) sind die hohen Kosten, die mit dem E-Scooter verbunden sind.

____

____

____

Ein Grund hierfür ist, dass die Nutzung nicht nach Kilometern, sondern nach der Zeit berechnet wird. So läuft der Zähler an jeder roten Ampel, bei jedem noch so kurzen Stopp unerbittlich weiter. (M 1)

____

____

____

2 Wird eine genaue Quelle zu einem Material angeben, solltest du diese in deinem Aufsatz übernehmen. Prüfe die Quellenangaben zu den jeweiligen Materialien und verbessere die unterstrichenen Formulierungen.

Bei Material 1 erfährt man, dass E-Scooter unter ökologischen Gesichtspunkten gar nicht so positiv zu bewerten sind.

Olibär macht bei Material 2 deutlich, dass die E-Scooter großen Spaß machen.

3 **a** Ergänze die folgenden Argumentationen.

A *E-Scoouter sind zwar im direkten Energieverbrauch sehr günstig, trotzdem ist ihre Ökobilanz ungünstig. Jn Material 1 …*

b Im folgenden Abschnitt fehlt die Behauptung. Formuliere sie mit Hilfe von Material 5.

B *Entscheidet sich beispielsweise ein Angestellter der Stadtverwaltung München gegen sein Auto und für den E-Scooter, um die täglichen vier Kilometer zum Arbeitsplatz zurückzulegen, so spart schon dieser Einzelne über die Jahre hinweg Unmengen an Emissionen. Folgen seinem Beispiel noch weitere Pendler, die nur Kurzstrecken zum Arbeitsplatz zurücklegen müssen, kann der E-Scooter erheblich dazu beitragen, dass die Schadstoffbelastung in den Großstädten abnimmt.*

c Ergänze die folgende Behauptung mit einer ausführlichen Begründung.

Obwohl E-Scooter einen geringen Energieverbrauch haben, wirkt sich das gar nicht so positiv auf die Ökobilanz aus …

d Ergänze im Folgenden die Behauptung und eine passende Abrundung. Gib auch an, aus welcher Quelle diese Information stammt.

c *Denn viele Touristen, die in den Großstädten ihren Kurzurlaub mit Sightseeing verbringen, nutzen die E-Scooter, um an die gewünschten Sehenswürdigkeiten zu gelangen. Im Gegensatz zu den offiziell angebotenen Rundfahrten sind die Roller die günstigere und flexiblere Variante, da auf keine Abfahrtszeiten geachtet werden muss. Verbringt beispielsweise ein junges Paar ein Wochenende in Köln, um sich die Stadt anzuschauen, so können sie mit dem E-Scooter schnell und bequem zum Dom oder zu anderen touristischen Zielen gelangen. Darüber hinaus können sie auch weite Strecken am Rheinufer zurücklegen und bekommen so einen viel intensiveren Eindruck von der Stadt.*

Argumentationen überarbeiten

Damit deine Erörterung sprachlich ansprechend wirkt, solltest du mit Hilfe geeigneter **Überleitungen** und **Verknüpfungen Zusammenhänge aufzeigen** und die einzelnen Argumentationen sowie ihre Bestandteile verbinden. Vergiss die Überleitung zwischen der ersten und der zweiten Themafrage nicht.
Vermeide dagegen **Wiederholungen, Umgangssprache** sowie **Fehler im Satzbau.** Falls du etwas nachträglich einfügen willst, arbeite mit nummerierten Fußnoten.

4 Markiere in der folgenden Argumentation alle Überleitungen und Verknüpfungen.

grün einfach vergessen war falsch

Eine weitere negative Auswirkung, die nicht außer Acht gelassen werden darf, sind die hohen Kosten, die mit den E-Scootern verbunden sind. Obwohl die Anschaffungskosten aufgrund der Mietmöglichkeiten wegfallen, sind die Gebühren für eine Fahrt alles andere als gering. Eine Ursache hierfür ist, dass die Nutzung nicht nach Kilometern, sondern nach der vergangenen Zeit berechnet wird. Folglich läuft der Zähler an jeder roten Ampel, bei jedem kurzen Stopp unerbittlich weiter (vgl. M 1). Daher ist es leicht möglich, dass schon eine kurze Fahrt unter zwei Kilometern verhältnismäßig teuer werden kann, da man beispielsweise an zwei roten Ampeln warten musste und eine Brücke nur im Schritttempo überqueren konnte.

5 Überarbeite den Beginn folgender Argumentationen. Nutze dazu Überleitungen, verknüpfe Sätze und ändere, wenn nötig, den Satzbau. Vermeide Umgangssprache.

A *Das Fahren mit den E-Rollern macht Riesenspaß. Vor allem wenn man in der Gruppe fährt. Mit 20 km/h ist ein kleines Wettrennen jederzeit möglich. Passieren wird bei dieser Geschwindigkeit nichts. Der Spaß steht einfach im Vordergrund.*

Vor allem in einer Gruppe bieten E-roller für viele Nutzer/-innen ein hohes Maß an Freude beim Fahren. ~~Für sie~~ Spaß liegt im Vordergrund: mit deren Top-geschwindigkeit von 20 km/h ~~ist ein~~ sind harmlose Wettrennen möglich, da diese Geschwindigkeit keine oder wenige Risiken birgt.

B *Die durch die E-Scooter überfüllten Radwege sind negativ. Es gibt in den Großstädten bereits immer mehr Fahrradfahrer/-innen. Die schmalen Wege reichen kaum aus. Mit den E-Scootern verschärft sich die Situation.*

Die durch E-Scooter überfüllten Radwegen erschaffen einen weiteren Aspekt, negativ. Grund dafür ist, dass es allein schon zu viele Radfahrer für die schmalen Radwege der Großstädte gibt, E-scooter verschärfen diese Situation.

E Die Erörterung verfassen und überarbeiten

1 Verfasse mit Hilfe deiner Gliederung eine vollständige zweigliedrige Erörterung mit Einleitung und Schluss. Zu jeder Themafrage solltest du drei Argumentationen ausformulieren.

2 Überarbeite deine fertige Erörterung mit Hilfe der Checkliste.

Checkliste

Ja	Nein	
		Themafrage/Gliederung
☐	☐	Hast du das Thema umfassend erschlossen, die **Themafrage** und alle **Schlüsselbegriffe** berücksichtigt?
☐	☐	Hast du in der **Gliederung** die Punkte deutlich voneinander abgegrenzt und aussagekräftig formuliert, sodass sie die Themafrage beantworten?
☐	☐	Hast du im **Nominalstil** geschrieben und die Einleitung sowie den Schluss in einem vollständigen Aussagesatz formuliert?
		Material
☐	☐	Hast du das Material richtig **eingebaut** bzw. einen **Quellenverweis** angegeben?
☐	☐	Wurde das Material ausreichend verwendet?
		Einleitung
☐	☐	Enthält deine Einleitung einen **Einleitungsgedanken,** eine **Überleitung** und die **Themafrage?**
☐	☐	Führt die Einleitung zum Thema hin, ohne Argumentationen vorwegzunehmen?
		Hauptteil
☐	☐	Entsprechen die **Argumentationen** im Hauptteil der Gliederung?
☐	☐	Sind die Argumentationen nachvollziehbar und überzeugend? Wurde der **Aufbau (Behauptung, Begründung, Beispiel)** eingehalten?
☐	☐	Gibt es eine passende **Überleitung** zum zweiten Aspekt des Themas?
☐	☐	Hast du **eigene Gedankengänge** eingebaut?
		Schluss
☐	☐	Enthält dein Schluss einen **eigenständigen Schlussgedanken?**
☐	☐	Rundet der Schluss deinen Aufsatz sinnvoll ab?
		Sprache
☐	☐	Hast du auf einen **sachlichen Stil** geachtet und umgangssprachliche Wendungen vermieden?
☐	☐	Hast du sinnvolle **Überleitungen** und **Satzverknüpfungen** verwendet?
☐	☐	Hast du die **Rechtschreibung** und **Zeichensetzung** überprüft?

3 „Bücher lesen: Nein, danke!“ – Eine materialgebundene Erörterung schreiben

Hier siehst du eine mögliche Aufgabenstellung für eine Schulaufgabe. Lies sie aufmerksam durch, beginne aber nicht gleich mit dem Schreiben, sondern bearbeite die Übungen auf den Seiten 26–33.

Schulaufgabe

Verfasse zum Thema „Kinder und Jugendliche lesen zu wenig. Welche Gründe gibt es dafür und in welcher Hinsicht kann man vom Bücherlesen profitieren?“ eine Erörterung mit mindestens vier Argumentationen pro Themafrage. Berücksichtige dabei die beigefügten Materialien. Dein Aufsatz sollte auch eine Gliederung sowie eine aussagekräftige Einleitung und einen sinnvollen Schluss enthalten.

Material 1: Medienbeschäftigung in der Freizeit 2020

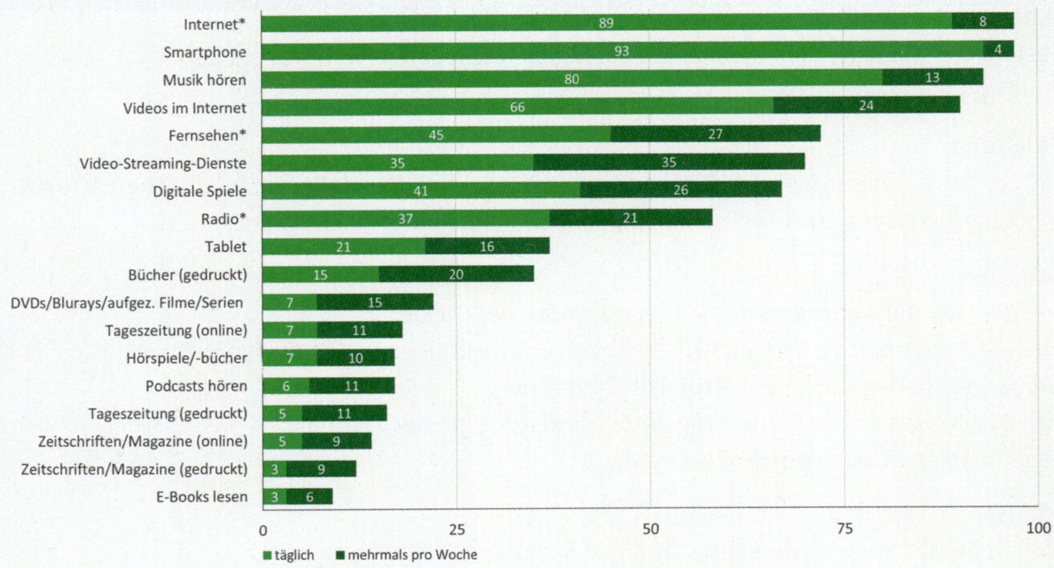

Befragt wurden 1200 12–19-Jährige. Quelle: JIM 2020, Medienpädagogischer Forschungsverbund Südwest

Material 2: Auszug aus einem Chatroom

Speedy (14:00) Habt ihr so was auch schon mal erlebt?! Jetzt müssen wir sogar schon in Reli ein Buch lesen! „Duplik Jonas 7“ – ein Buch übers Klonen. Der Wagner denkt wohl, wir haben nichts Besseres zu tun!!!
10 Euro sollen wir auch noch dafür blechen! Ganz schön viel!

Mausi (14:03) Hey, kann dich gut verstehen! Wir sollten ein Buchreferat innerhalb von zwei Wochen vorbereiten. Dabei habe ich schon an drei Nachmittagen Termine und meine Freundinnen will ich auch noch treffen.

Sheep (14:09) Stellt euch doch nicht so an. Ich weiß gar nicht, was ihr habt! Lesen entspannt doch total. Ich nehm mir gern die Zeit, um zu lesen. Vor allem kurz vorm Einschlafen. Oder nach einem stressigen Tag.

Speedy (14:14) Du vielleicht. Ich habe es schon immer gehasst, wenn ich irgendwelche dicken Wälzer geschenkt bekam und die auch noch lesen musste. Die Kohle wäre mir viel lieber gewesen.

Mausi (14:30) Ich schau echt lieber einen Film an. Bücher sind oft sowas von langweilig!

Sheep (14:32) Aber nur beim Lesen spielt meine eigene Fantasie eine Rolle. Der Film gibt mir ja alles vor. Das find ich ätzend!

Ronja (14:35) Bloß kein Buch! Meistens versteh ich eh nicht, was da steht. Warum müssen Autoren nur immer so komplizierte Wörter benutzen?

Material 3

„Wie die Welt von morgen aussehen wird, hängt in großem Maß von der Einbildungskraft jener ab, die gerade jetzt lesen lernen“. (Astrid Lindgren)
Die weltweit bekannte Kinder- und Jugendbuchautorin Astrid Lindgren macht mit ihrer Aussage sehr schön deutlich, wie wertvoll Lesen nicht nur für unser eigenes Leben, sondern auch für die konstruktive Gestaltung von Gesellschaft ist. Mit dem Lesen können wir auf Reisen gehen, mehr über unsere Welt und unsere Mitmenschen erfahren oder gar in andere Räume und Zeiten eintauchen. Wir erwerben damit Wissen und beleben unsere Fantasie. Auch und gerade im digitalen Zeitalter bleibt die Lesekompetenz der Schlüssel für Erfolg im Studium und Beruf.

Quelle: Vorwort von Bernd Sibler, Bayerischer Staatsminister für Unterricht und Kultus, Juni 2018, in: Fit im Fach durch Lesekompetenz, Leseförderung in allen Fächern und in allen Schularten, S. 6, hrsg. vom Bayerischen Staatsministerium für Unterricht und Kultus.

Material 4

Quelle: statista.com

Material 5: Ergebnisse zum Bücher lesen

In ihrer Freizeit (also nicht für die Schule) lesen 34 Prozent der Jugendlichen mindestens mehrmals in der Woche Bücher, so ein Ergebnis der JIM-Studie 2019. Ein leichter Rückgang: Der Anteil regelmäßiger Leser*innen gedruckter Bücher in der Freizeit pendelte in den letzten Jahren immer um die 40-Prozent-Marke (2018: 39 Prozent; 2017: 40 Prozent; 2016: 38 Prozent).
Innerhalb von 14 Tagen liest ein weiteres Fünftel der Jugendlichen gedruckte Bücher, gut jeder Vierte greift einmal im Monat oder seltener zum Buch.
Beim regelmäßigen Lesen von Büchern (mindestens mehrmals in der Woche) zeigt sich ein deutlicher Unterschied zwischen den Geschlechtern: Bei Mädchen liegt der Wert bei 40 Prozent, bei Jungen bei 28 Prozent. Bei Internet und Smartphone liegen die Werte dagegen jeweils dicht beieinander.
Der höchste Anteil regelmäßiger Leser*innen findet sich 2019 unter den 16- bis 17-Jährigen (36 Prozent). Zum Vergleich die anderen Altersgruppen: 12–13 Jahre: 31 Prozent; 14–15 Jahre: 34 Prozent; 18–19 Jahre: 34 Prozent).
Auch der formale Bildungshintergrund beeinflusst laut Studie die Büchernutzung der Jugendlichen. Während knapp zwei von fünf Gymnasiast*innen (38 Prozent) regelmäßig zum Buch greifen, sind es bei Jugendlichen, die eine Haupt- oder Realschule besuchen, nur 28 Prozent.*

Material 6: Warum lesen Jugendliche?

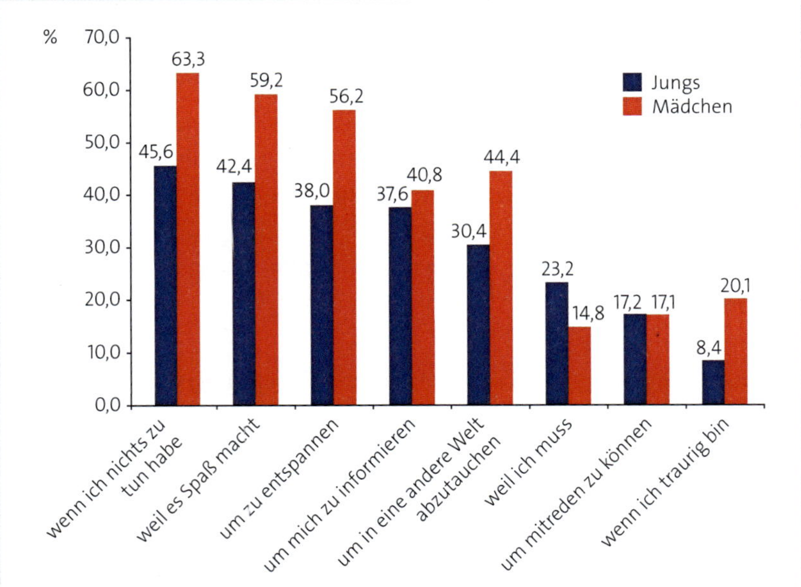

Quelle: https://jungenleseliste.de/warum-lesen-jugendliche-eigentlich/; aufgerufen am 03.02.2021

Material 7

„Lesen heißt leben lernen."

(Zitat von Mirjam Pressler*, einer bekannten Kinder- und Jugendbuchautorin)

A Was wird von dir verlangt

1 Kreuze an, was du bei der materialgebundenen Erörterung beachten musst.

- ☐ Ich kann das beiliegende Material berücksichtigen, muss es aber nicht.
- ☐ Zahlen und Fakten darf ich in meine Argumentationen einbauen.
- ☐ Aus meinen Ausführungen muss deutlich werden, auf welches Material ich zurückgegriffen habe.
- ☐ In der Einleitung und im Schluss kann ich einen Abschnitt des Textmaterials wortwörtlich abschreiben, wenn ich die Quelle angebe.
- ☐ Ich muss die Argumentationen selbst formulieren und direkt übernommene Textstellen kenntlich machen.
- ☐ Ich darf nur Punkte in meiner Erörterung verwenden, die im Material angesprochen werden.
- ☐ Ich muss eigene Gedanken einbringen.
- ☐ Es ist meine Aufgabe, das beigefügte Material auszuwerten und einzubauen.
- ☐ Beim Aufbau der Argumentationen gelten die gleichen Regeln wie bei anderen Erörterungen.
- ☐ Beispiele verwende ich ausschließlich aus dem Material.
- ☐ Ich muss wie gewohnt eine Gliederung anfertigen.
- ☐ Eine Einleitung und ein Schluss sind hier nicht nötig.

Das Thema analysieren

2 **a** Damit du bei der Materialauswertung zielgerichtet vorgehen kannst, musst du das Thema genau untersuchen. Lies den ersten Satz der Themenstellung genau und vervollständige die folgende Erläuterung.

Bei dem Thema geht es um ______________________. In der Aussage wird festgestellt, dass

______________________ und ______________________ sich zu wenig damit beschäftigen.

b Notiere, auf welche Art der Erörterung die beiden Themenfragen am Ende der Aufgabenstellung hinweisen.

An den beiden Fragen erkennt man, dass es sich um eine ______________________ Erörterung handelt.

3 Die Bedeutung des Verbs „profitieren“ sollte dir bekannt sein, um die zweite Themafrage zu verstehen. Kreuze an, welche Umschreibung des Begriffs in diesem Zusammenhang zutrifft.

„Profitieren“ bedeutet hier:

- ☐ Geld mit etwas verdienen.
- ☐ einen Gewinn machen.
- ☐ einen Vorteil aus etwas ziehen.

4 Streiche alle Fragen durch, zu denen du dich in deinem Aufsatz nicht äußern musst.

Es sollten zwei Fragen übrig bleiben.

- ☐ Was machen Kinder und Jugendliche außer Lesen gern?
- ☐ Was machen junge Leute in ihrer Freizeit?
- ☐ Welche Bücher sind besonders beliebt?
- ☐ Warum lesen junge Menschen so gern?
- ☐ Warum lesen junge Menschen immer weniger?
- ☐ Warum muss man Bücher lesen?
- ☐ Wann ist Bücherlesen von Vorteil?
- ☐ Welchen Gewinn bringt das Bücherlesen?
- ☐ Kann man mit dem Bücherlesen Geld verdienen?

B Das Material auswerten und eine Stoffsammlung anlegen

Bei der **materialgebundenen Erörterung** nutzt du die Fakten und Denkansätze aus den vorgegebenen Quellen und erstellst daraus deine **Stoffsammlung**. Gehe so vor:

- Verschaffe dir zunächst einen **Überblick** darüber, welche Informationen du in den Materialien erhältst.
- **Werte** dann das Material **aus:** Lies die Texte und Grafiken noch einmal gründlich und überlege, welche Angaben für dein Thema wirklich brauchbar sind.

1 **a** Vervollständige den Text, der erklärt, warum du zwei Farben verwenden sollst.

Die eine Farbe dient der Markierung der ______________________. Da dies der erste Teil der Themenstellung ist, kannst du auch schon die römische Ziffer I. dazuschreiben.

In der zweiten Farbe markierst du, inwiefern man vom Lesen ______________________. Kennzeichne diese Stellen mit der römischen Ziffer II.

b Damit du siehst, wie man die Materialseiten sinnvoll bearbeiten kann, folgt hier ein Auszug aus Material 2.

Mausi Hey, ich kann dich gut verstehen! Wir sollten ein Buchreferat innerhalb von zwei Wochen vorbereiten. Dabei habe ich schon an drei Nachmittagen Termine und meine Freundinnen will ich auch noch treffen. → zu wenig Zeit → I.

Sheep Stellt euch doch nicht so an. Ich weiß gar nicht, was ihr habt! Lesen entspannt doch total. Ich nehm mir gern die Zeit, um zu lesen. Vor allem kurz vorm Einschlafen. Oder nach einem stressigen Tag. → Entspannung, wirksames Mittel gegen Stress → II.

c Arbeite nun die übrigen Einträge im Chatroom durch und markiere mit unterschiedlichen Farben, welche Punkte für deine Erörterung noch hilfreich sind. Gehe so vor wie in Aufgabe 1 b.

2 **a** Bei Grafiken ist es zunächst wichtig, dass man sich genau informiert, worum es in der Veranschaulichung geht. Schau dir die Grafik aus Material 1 genau an. Streiche dann im Folgenden die falschen Aussagen.

Es geht um eine Umfrage/Schätzung/Lieblingsbeschäftigung.
Die Teilnehmer/-innen der Studie machten Angaben dazu, was sie nicht gern / am liebsten / täglich oder mehrmals die Woche machen.
Die Angaben beziehen sich auf Aussagen von Kindern und Jugendlichen / Erwachsenen. Am häufigsten wurde angeben: draußen spielen / Internet / Fernsehen.

b Welche Angabe(n) ist/sind für dein Thema nützlich? Markiere sie in Material 1 und schreibe sie auf die Linie.

____

____

____

____

c Überlege, ob diese Information für dein Thema von Bedeutung ist. Wenn sie zu keiner der Themafragen passt, könnte sie aber für die Einleitung oder den Schluss hilfreich sein. Ergänze:

Diese Information kann ich für ______________________ verwenden, weil sie die Aussage „Kinder und Jugendliche lesen zu wenig" durch konkrete ______________ bestätigt.

3 Gehe alle Materialien auf den Seiten 24 bis 26 durch. Markiere mit unterschiedlichen Farben, was für die Einleitung, den Teil I, den Teil II oder den Schluss passt. Wenn du vier verschiedene Farben benutzt, hast du gleich einen Überblick, in welchem Teil du die Information verwenden kannst. Achte darauf, dass du durchgehend die gleichen Farben für die einzelnen Teile benutzt.

4 Eine Stoffsammlung hilft dir, einen Überblick zu erhalten, welche Aspekte im Material enthalten sind. Achte darauf, dass die Fakten auch zu deinem Thema passen, denn nicht alles ist hilfreich.

a Ergänze die folgende Stoffsammlung. Trage auch die Punkte aus den Aufgaben 1b und c in deine Stoffsammlung ein. Notiere auch den Punkt, der zu Teil II des Themas passt. Gib hinter allen Punkten an, aus welchem Material du die Information entnommen hast.

Du kannst auch eine Mind-Map anlegen. Schreibe immer das Material dazu, damit du gegebenenfalls nachlesen bzw. nachschauen kannst.

Infos zur Einleitung:

____

____

____

____

I. Gründe, warum Jugendliche wenig lesen	II. Gewinn beim Lesen
– zu wenig Zeit (Material 2)	– Informationsbeschaffung
	– …

Infos für den Schluss:

b Sicher hast du auch eigene Ideen zum Thema, die du in den Materialien nicht gefunden hast. Ergänze weitere Aspekte in deiner Stoffsammlung.

c Welche Aspekte sind besonders wichtig und sollten in deiner Erörterung genannt werden? Markiere in Spalte eins und zwei jeweils zwei bis drei Punkte.

Eine Gliederung erstellen

Gehe deine Stoffsammlung noch einmal durch und streiche unwichtige Informationen oder Aspekte, zu denen dir nichts einfällt.
Nummeriere dann die Punkte, die du ausführen möchtest, in einer sinnvollen Reihenfolge. Dabei musst du die Überleitungsmöglichkeiten im Blick haben. Manche Punkte geben indirekt eine bestimmte Reihenfolge vor.

5 Erstelle eine Gliederung zum Thema der Schulaufgabe. Ergänze dazu das folgende Schema.
Beachte dabei diese Punkte:

- Du solltest mindestens vier Punkte pro Themafrage anführen. Nutze dazu deine Stoffsammlung (S. 28). Du kannst auch einige Argumente aufnehmen, die du selbst gefunden hast.
- Du solltest einheitlich im Nominalstil formulieren.
- Denke daran, dass Einleitung und Schluss in einem kurzen Satz formuliert werden.
- Vergleiche deine Gliederung mit der Musterlösung und ergänze noch fehlende Punkte.

Gliederung

A ______________________________

____

____

B ______________________________

____

I. ______________________________

1. *Wenig verfügbare Zeit*
2. ______________________________
3. ______________________________
4. ______________________________
5. ______________________________

____

II. ______________________________

1. *Gute Entspannungsmethode*
2. ______________________________
3. ______________________________
4. ______________________________

____

C ______________________________

____

____

____

C Das Material in die Argumentationen einbauen

1 Wenn du Informationen aus den Materialien einbaust, musst du immer die entsprechende Quelle mitangeben. Dadurch wissen die Leser/-innen, wo sie den Beleg für diese Aussagen finden.

a Markiere in den folgenden Textauszügen die Verweise auf die jeweiligen Quellen.

- *Zahlen einer Studie aus dem Jahr 2020 geben an, welcher Freizeitbeschäftigung 12- bis 19-Jährige am liebsten nachgehen (vgl. Material 1). Bücher spielen demnach für Kinder eine deutlich weniger wichtige Rolle als ...*
- *Aus den Beiträgen eines in Material 2 abgedruckten Chatverlaufs lässt sich folgern, dass ...*
- *So wird das Bücherlesen vielfach als schwierig empfunden. Ronja beklagt sich im Chat von Material 2, ihr sei der Wortschatz in Büchern zu kompliziert.*

b Wird der Urheber / die Urheberin einer konkreten Aussage angegeben, kannst du diese/n auch nennen und den Inhalt flüssig in deinen Text einbinden. So geht es nicht: *Material 3 hat festgestellt, dass die Lesekompetenz wichtig ist für den Erfolg im Studium und Beruf.*
Das Material selbst kann nichts feststellen. Überprüfe in Material 3, von wem diese Aussage stammt, und korrigiere sie, indem du den folgenden Satz ergänzt:

_______________ *betont in seinem Vorwort zu einem Flyer zur Leseförderung (vgl. Material 3),* _______________

____

____

____

2 Ergänze in dem folgenden Ausschnitt einer Erörterung die fehlenden Informationen.

Nicht außer Acht gelassen werden darf auch, dass Bücher teuer sind und man sie sich erst einmal leisten können muss. Nicht jeder hat die Möglichkeit, regelmäßig in der Bibliothek Bücher auszuleihen. Ein Buch zu kaufen bedeutet aber eine nicht unerhebliche Investition, weil schon Taschenbücher im Schnitt 10 Euro kosten.

_______________ *Beleg aus Material einfügen!*

____

Wer sich ohnehin nicht besonders für das Lesen interessiert, wird zusätzlich von den hohen Preisen der Bücher abgeschreckt.

Aus der _______________ *Quellenangabe ergänzen!*

____

geht aber auch hervor, dass junge Leute durchaus gewillt sind, für teure Medien wie Smartphones und Videospiele Geld auszugeben. Offenbar bietet Lesen eher abstrakte Vorteile für beruflichen Erfolg oder die Fähigkeit zur gesellschaftlichen Mitgestaltung, wie sie

_______________ *Beleg aus Material einfügen!*

____

herausstellt.

Richtig zitieren

Beachte in deinem Aufsatz folgende Zitierregeln:
1 Wenn du Informationen wortwörtlich übernimmst, musst du sie in Anführungszeichen setzen.
2 Auslassungen werden mit drei Pünktchen in eckigen Klammern [...] gekennzeichnet.
3 Die Quellenangabe muss sinnvoll in den Text eingebaut sein.
4 Vermeide zu lange Zitate; übernimm nur wirklich aussagekräftige Textstellen wörtlich in deinen Aufsatz.
5 Forme wörtliche Reden in indirekte Reden um. Verwende den Konjunktiv.
6 Inhalte kann man auch durch einen so genannten Redebericht wiedergeben.

3 Welche Zitierregeln aus dem Merkkasten wurden in den folgenden Beispielen missachtet? Notiere die entsprechende Zahl im Kästchen und korrigiere die Fehler in den Sätzen.

☐ *Jn einem Vorwort vom Juni 2018 (vgl. Material 3) betont der ehemalige bayerische Staatsminister für Unterricht und Kultus, Bernd Sibler: „Mit dem Lesen können wir in andere Räume und Zeiten eintauchen."*

☐ *Lesen heißt leben lernen hat die Autorin Miriam Pressler (s. Material 7) einmal gesagt.*

Ideen für die Einleitung und den Schluss finden

4 Deine Einleitung soll auf das Thema hinführen, darf aber noch keine Argumentationen aus dem Hauptteil vorwegnehmen.
a Ergänze die folgenden Informationen für eine mögliche Einleitung.
b Vervollständige dann auf den freien Zeilen den Einleitungsgedanken. Verbinde durch eine geschickte Überleitung diesen Teil mit den Themafragen.

Aus der Grafik von Material ______ geht hervor, dass Kinder ______________________________,

______________________________ oder ______________________________ dem Lesen vorziehen. Einer Umfrage der

JIM-Studie nach lesen ______________________________ noch deutlich weniger als ______________________________

(vgl. Material ______). Während bei den Gymnasiastinnen und Gymnasiasten noch knapp ______________________

regelmäßig ein Buch lesen, ist es bei ______________________________- und ______________________________

und -schülern weniger als ______________.

5 Im Schlussteil rundest du deinen Aufsatz ab und ziehst ein Fazit.
Kreuze unten an, welche Möglichkeiten im folgenden Schlussgedanken verwendet wurden.

> *Es gibt also genügend Gründe, warum man lesen sollte, und mit der Erfindung der E-Books könnte der Trend, dass immer mehr Kinder und Jugendliche und vor allem Jungen relativ wenig lesen, umgekehrt werden. Wie in der Grafik von Material 4 dargestellt ist, ist das Interesse an dieser digitalen Form eines Buchs stark gestiegen. Vielleicht kann man so auch die technikaffinen Mädchen und Jungen wieder eher dazu bewegen, ein Buch in die Hand zu nehmen.*

- ☐ Du beziehst Stellung zu dem Thema, indem du noch einmal zusammenfasst.
- ☐ Du schreibst über eigene Erfahrungen.
- ☐ Du stellst eine Forderung auf oder äußerst einen Wunsch.
- ☐ Du greifst Informationen aus dem Material auf und belegst deine Aussagen mit Fakten.
- ☐ Du blickst in die Zukunft und beschreibst eine mögliche Entwicklung.

Wichtig: Im Schluss darfst du keine neuen Aspekte zum Thema nennen. Nur die dargestellten Möglichkeiten kommen in Frage.

D Die Erörterung verfassen und überarbeiten

1 Verfasse mit Hilfe deiner Gliederung deines Schreibplans eine vollständige zweigliedrige Erörterung mit Einleitung und Schluss. Jede Themafrage sollte drei ausformulierte Argumentationen umfassen.

2 Überarbeite deine fertige Erörterung mit Hilfe der Checkliste.

Checkliste

Ja	Nein	
		Themafrage/Gliederung
☐	☐	Hast du das **Thema** umfassend erschlossen, alle **Schlüsselbegriffe** und Einschränkungen berücksichtigt?
☐	☐	Hast du die Regeln zur **Gliederung** beachtet (einheitlicher Stil, Nummerierung, Zweigliedrigkeit)?
		Material
☐	☐	Hast du das abgedruckte **Material** ausreichend berücksichtigt?
☐	☐	Hast du die **Quellen** eindeutig angegeben, wenn du dich auf das Material bezogen hast?
		Einleitung
☐	☐	Leitet die **Einleitung** auf das Thema hin, ohne zu viel vorwegzunehmen?
		Hauptteil
☐	☐	Hast du auch **eigene Gedankengänge** eingebaut?
☐	☐	Hast du auf die Dreiteilung der **Argumentationen** geachtet?
		Schluss
☐	☐	Hast du den Aufsatz im **Schlussteil** sinnvoll abgerundet?
		Sprache
☐	☐	Sind alle Teile deiner Erörterung durch **flüssige Überleitungen** verbunden?
☐	☐	Hast du auf einen **sachlichen Stil** geachtet und umgangssprachliche Wendungen vermieden?
☐	☐	Hast du **Wortwiederholungen** vermieden?
☐	☐	Hast du die **Rechtschreibung und Grammatik** überprüft?
☐	☐	Ist dein Aufsatz in Absätze gegliedert und übersichtlich **strukturiert?**

4 „Pubertät – Baustelle im Großhirn“
Einen journalistischen Text beschreiben

Hier siehst du eine mögliche Aufgabenstellung für eine Schulaufgabe. Lies sie aufmerksam durch, beginne aber nicht gleich mit dem Schreiben, sondern bearbeite die Übungen auf den Seiten 35–43.

Schulaufgabe

Erstelle eine Textbeschreibung zum Text „Baustelle im Großhirn“ von Eckart von Hirschhausen anhand folgender Aufgaben:

1. Fasse den Text unter Berücksichtigung seiner inneren Struktur zusammen.
2. Erläutere Merkmale, die auf die Textsorte Kommentar hinweisen.
3. Untersuche und beschreibe sprachliche Mittel, die zeigen, dass Eckart von Hirschhausen zwar dem Thema Pubertät mit Humor begegnet, aber trotzdem Fachkompetenz beweist.
4. Nimm begründet Stellung zu der Frage: „Warum haben es Jugendliche heutzutage nicht leicht?“
5. Schildere die im Text angesprochene Wanderung mit der Familie aus der Sicht eines Teenagers.

Hirschhausens Sprechstunde

Eckart von Hirschhausen: Pubertät – Baustelle im Großhirn

„DIE JUGEND LIEBT HEUTZUTAGE den Luxus. Sie hat schlechte Manieren, verachtet die Autorität, hat keinen Respekt vor den älteren Leuten und schwatzt, wo sie arbeiten sollte. Die jungen Leute stehen nicht mehr auf, wenn Ältere das Zimmer betreten. Sie widersprechen ihren Eltern, schwadronieren[1] in der Gesellschaft, verschlingen bei Tisch die Süßspeisen, legen die Beine übereinander und tyrannisieren[2] ihre Lehrer.“ Diese Klage ist fast 2500 Jahre alt und stammt vom griechischen Philosophen Sokrates. Offensichtlich klagt seit vielen Generationen jede Generation ähnlich über die nächste. Woher kommt das?

Mit heutigen Forschungsmethoden versteht man besser, warum einen in der Pubertät die Eltern nicht verstehen – und man sich selbst auch nur so wenig. Wenn man sich an die Stirn tippt, ist man dem Ort des Geschehens schon ziemlich nah: Das Stirnhirn befindet sich in einer Umbauaktion, die es seit Kindertagen in der Heftigkeit im Denkorgan nicht mehr gegeben hat. Viele eingeschliffene Verbindungen zwischen den Nervenzellen werden infrage gestellt, gelöst und neu verdrahtet. Das oft teilnahmslose Gesicht drückt eigentlich nur aus, wie sich das anfühlt: „Achtung: Großbaustelle im Großhirn. Wir bitten Verspätungen und Unannehmlichkeiten zu entschuldigen.“ Bemerkbar macht sich das in verlangsamter Verarbeitung von Emotionen, Impulsivität und Unempfindlichkeit für Glücksgefühle.

Informationen zum Autor
Eckart von Hirschhausen ist ausgebildeter Arzt, arbeitet aber heute als Moderator, Kabarettist und Schriftsteller. Seit 2004 verfasst er „Die etwas andere Medizinkolumne“ unter dem Titel „Hirschhausens Sprechstunde“ für die Zeitschrift „Stern“.

Nur der Augenblick zählt

PUBERTÄT IST DAS GEGENTEIL von Priorität. Was zählt, ist der Augenblick: Schulfete ist wichtiger als Schulabschluss, Pickel ausdrücken wichtiger als Vokabeln rein-, Knutschen geiler als Klavier üben. Kein Jugendlicher hört auf zu rauchen, wenn man ihm sagt, dass er in 40 Jahren davon Lungenkrebs bekommen kann. Im Gegenteil: Die Gefahr in der Zukunft wird zu einer Mutprobe für die Unsterblichen von heute. Wer mal mit Jugendlichen wandern war, kennt das aussichtslose Unterfangen, die Freude an „der schönen Landschaft“ zu vermitteln. „Langweilig!“ Während des Umbaus müssen die Reize größer sein, um Glücksgefühle auszulösen. Die leicht depressive Grundstimmung und der Übermut zum Risiko hängen direkt zusammen.

1 schwadronieren: viel und inhaltslos reden; schwätzen

2 tyrannisieren: jemanden quälen, indem man ihn immer wieder dazu zwingt, das zu tun, was man will

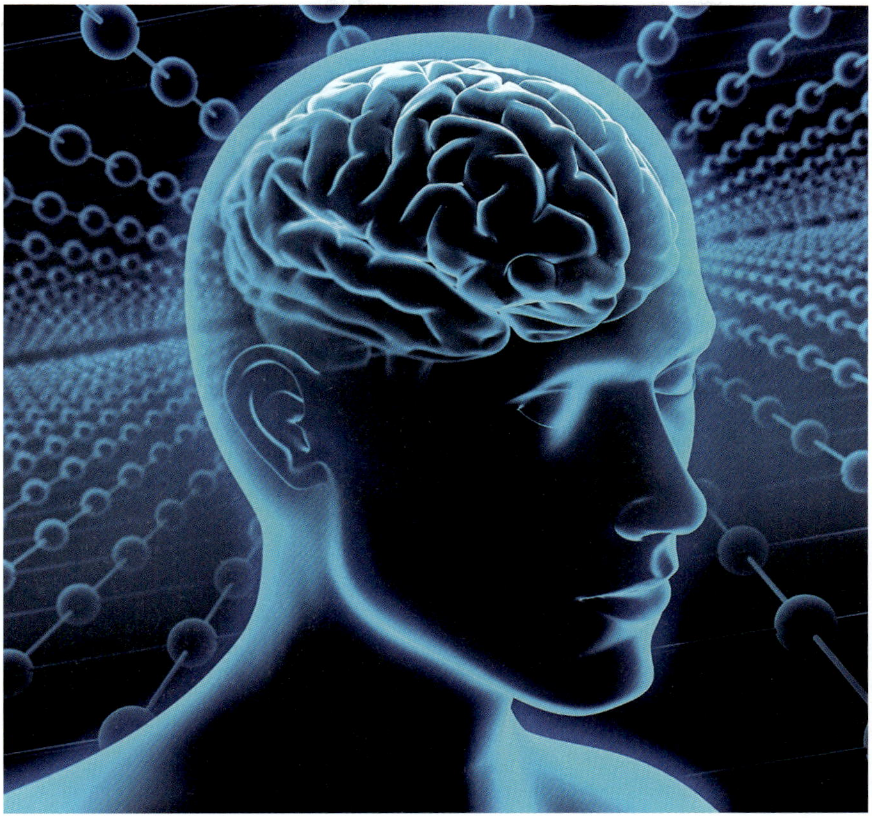

Just in der Phase, in der man sich vom Zuhause abnabelt, hält man sich für den Nabel der Welt. Aber wer hat das Problem? Das Schlimmste, was man der Jugend vorwerfen kann, ist doch, dass man selbst nicht mehr dazugehört. So inkompetent[3] kann diese Phase doch gar nicht sein, wenn mit der Geschlechtsreife über Tausende von Jahren auch die Kinder kamen. Hätten sich unsere Vorfahren dabei nur unverantwortlich und doof angestellt, wären wir schließlich ausgestorben.

Wann ist man erwachsen? Mit eigenen Kindern, eigenem Geld, anderen Wänden und anderem Nabel. Wenn das aber erst Mitte 40 passiert, braucht es ein neues Kriterium. Mein Vorschlag: Erwachsen ist, wer freiwillig auch mal früh ins Bett geht. Und wer das Richtige tut – selbst wenn es die Eltern empfohlen haben.

3 inkompetent: ohne vorhandenes Wissen und geeignete Fähigkeiten

Quelle: www.stern.de/sprechstunde vom 30. 07. 2010, abgerufen am 15. 01. 2021

A Was wird von dir verlangt?

1 Lies die Aufgabenstellung genau. Streiche bei der folgenden Auflistung die Punkte durch, die du **nicht** erledigen sollst.
Tipp: Du musst sechs Punkte streichen.

Du sollst ...
- den Aufbau des Textes erkennen und beschreiben.
- den Artikel knapp zusammenfassen.
- den Inhalt nacherzählen.
- die Merkmale der Textsorte aufzählen.
- die Merkmale der Textsorte heraussuchen und am Text belegen.
- einige Auffälligkeiten im Layout beschreiben und ihre Wirkung angeben.
- die Absicht des Autors erklären und am Text belegen.
- alle stilistischen Mittel des Textes mit Fachbegriffen auflisten.
- besondere sprachliche Merkmale benennen, am Text belegen und ihre Wirkung beschreiben.
- einen eigenen Kommentar zum Thema schreiben.
- einen Brief an den Autor schreiben, in dem du dich zum Thema äußerst.
- Argumentationen zu Problemen der heutigen Jugend verfassen.
- eine Schilderung über eine Wanderung aus der Perspektive eines Jugendlichen schreiben.

B Den Inhalt verstehen und zusammenfassen

Das Thema des Artikels erfassen

1 Womit setzt sich Eckart von Hirschhausen in seinem Artikel hauptsächlich auseinander?
Lies den Text aufmerksam durch und kreuze anschließend die treffendste Aussage an.

Im Text „Pubertät – Baustelle im Großhirn“ geht es hauptsächlich um ...

- ☐ die schlechten Manieren der Jugendlichen.
- ☐ die Hirnforschung und die neuesten Forschungsergebnisse dazu.
- ☐ die Auswirkungen der Pubertät auf die Jugendlichen und ihre Umwelt.
- ☐ das Schönheitsideal der heutigen Zeit.

Unbekannte Wörter und Wendungen klären

2 Kläre die Bedeutung unbekannter Wörter und Wendungen im Text.

a Lies den Text noch einmal genau und markiere alle Begriffe, die du nicht verstehst.

b Oft hilft es, nach einem Synonym (einem anderen Wort mit der gleichen Wortbedeutung) zu suchen.
Ersetze die fett gedruckten Wörter durch ein passendes Synonym.

Z. 1 f.: „Sie hat schlechte **Manieren.**“ = Sie hat ein schlechtes ______________________.

Z. 19–21: „... Umbauaktion, die es seit Kindertagen [...] im **Denkorgan** (= im ______________________)

nicht mehr gegeben hat.“

Z. 28 f.: „... in verlangsamter Verarbeitung von **Emotionen** (= ______________________) ...“

c Die Bedeutung unbekannter Wörter kann man oft aus dem Kontext erschließen.
Lies die folgenden Sätze im Textzusammenhang und kreuze die Erklärung an, die am besten passt.

„Sie [Die Jugend] verachtet die **Autorität.**“ (Z. 1 f.)

- ☐ Personen, die sie erziehen, wie Lehrer und Eltern
- ☐ Polizei und Politiker

„Bemerkbar macht sich das in [...] **Impulsivität.**“ (Z. 28 f.)

- ☐ plötzlichen Gefühlsausbrüchen
- ☐ unkontrollierten Bewegungen

„Pubertät ist das Gegenteil von **Priorität.**“ (Z. 32)

- ☐ Vorrecht von bestimmten Personen
- ☐ Vorrang für besonders wichtige Angelegenheiten

„Just in der Phase, in der man sich vom Zuhause **abnabelt,** [...].“ (Z. 48 f.)

- ☐ sich unabhängig macht
- ☐ ein neugeborenes Kind von der Nabelschnur trennt

Die Einleitung schreiben

3 Du kannst jetzt die Einleitung für deine Textbeschreibung schreiben.

a Fülle zunächst folgende Übersicht aus:

Titel des Textes: ______________________________

Autor/-in: ______________________ Textsorte: ______________________

Erscheinungsort: ______________________ Erscheinungsjahr: ______________________

Kernaussage: ______________________________

____

____

____

b Schreibe eine vollständige Einleitung in dein Heft.

> Achte beim Formulieren deiner Einleitung auf die Verwendung der richtigen Präpositionen:
> - *Der Text handelt* ***von*** *...*
> - *In dem Text geht es* ***um*** *...*
> - *Der Autor/die Autorin nimmt Stellung* ***zu*** *...*

Den Text strukturiert zusammenfassen

Zur Vorbereitung einer Inhaltszusammenfassung teilst du den Text in Abschnitte ein und formulierst für jeden Abschnitt eine passende Überschrift.

> Wenn die inhaltliche Struktur nicht mit den Absätzen im Druckbild übereinstimmt, kannst du dies so kennzeichnen:
> ... Unannehmlichkeiten zu entschuldigen.⌋⌈Bemerkbar macht sich das in verlangsamter ...

4 Meist stimmen die Absätze eines Artikels mit den inhaltlichen Teilabschnitten überein. Es gibt aber auch Ausnahmen, z. B. im zweiten Absatz des Textes „Pubertät – Baustelle im Großhirn".

a Vervollständige die folgende Begründung:

Während im zweiten Absatz von den Erkenntnissen der ______________________________

in Bezug auf die Pubertät die Rede ist, geht der Autor im letzten Satz des Abschnitts

schon auf die ______________________________

______________________________ dieser Veränderungen im Gehirn ein.

b Kennzeichne nun alle Abschnitte, indem du sie am Rand des Textes nummerierst.

5 Gehe den Text Abschnitt für Abschnitt durch und markiere Schlüsselbegriffe für deine Zusammenfassung:

„DIE JUGEND LIEBT HEUTZUTAGE DEN LUXUS. Sie hat schlechte Manieren, verachtet die Autorität, hat keinen Respekt vor den älteren Leuten und schwatzt, wo sie arbeiten sollte. Die jungen Leute stehen nicht mehr auf, wenn Ältere das Zimmer betreten. Sie widersprechen ihren Eltern, schwadronieren in der Gesellschaft, verschlingen bei Tisch die Süßspeisen, legen die Beine übereinander und tyrannisieren ihre Lehrer." Diese Klage ist fast 2500 Jahre alt und stammt vom griechischen Philosophen Sokrates. Offensichtlich klagt seit vielen Generationen jede Generation ähnlich über die nächste. Woher kommt das?

6 Fasse die einzelnen Abschnitte mit je einer passenden Überschrift zusammen.

Absatz 1: *Gängige Klagen über die Jugend*

Absatz 2: ______

Absatz 3: ______

Absatz 4: ______

Absatz 5: ______

Tipp: Du kannst die Begriffe aus dem folgenden Wortspeicher als Hilfe nutzen.

Wortspeicher

Hirnforschung • Ursachen • Auswirkungen • Folgen • Verhalten • Beispiele • Begriffserklärung • Definition von Erwachsensein • Ergebnisse

7 Laut der Aufgabenstellung sollst du in deiner Zusammenfassung auch auf die innere Struktur des Textes eingehen, also auf den Textaufbau.
Welche der folgenden Formulierungen eignen sich besonders zur Beschreibung von Anfang (*A*), Mittelteil (*M*) oder Schluss (*S*) des Textes? Notiere jeweils den entsprechenden Buchstaben auf der Linie.

A Anfangs ...

___ Ab Zeile ...

___ Anschließend ...

___ Abschließend ...

___ Am Schluss ...

___ Als Einführung in das Thema ...

___ Als Nächstes erläutert der Autor ...

___ Das Fazit des Autors ...

___ Das Resümee der Überlegungen ...

___ Im folgenden Abschnitt ...

___ Im zweiten/dritten/nächsten Absatz ...

___ Im ... Abschnitt kritisiert ...

___ Um die Leser/-innen genauer zu informieren ...

___ Zu Beginn des Artikels ...

___ Zur Veranschaulichung ...

8 Schreibe eine Inhaltszusammenfassung in dein Heft. Formuliere im Präsens und verknüpfe deine Sätze durch Konjunktionen und Adverbien, so dass ein flüssiger Text entsteht.

So kannst du beginnen:
Der Kommentar „Pubertät – Baustelle im Großhirn" gliedert sich in fünf Sinnabschnitte. Im ersten Absatz bis Zeile ... zitiert der Autor ..., der ... Das hat sich bis heute kaum verändert, und Eckart von Hirschhausen will in seinem Artikel der Frage nachgehen, ...

In **Kommentaren** werden oft verschiedene **Beispiele** angeführt.
In deinem Text kannst du ...
- die Beispiele zusammenfassen, z. B.:
  Der Autor nennt verschiedene Beispiele aus den Bereichen Schule und Freizeit, anhand derer ...
  Der Autor illustriert seine Behauptung anhand verschiedener Beispiele aus den Bereichen Schule und Freizeit und macht damit deutlich, dass ...
- ein besonders aussagekräftiges Beispiel mit eigenen Worten wiedergeben, z. B.:
  Als anschauliches Beispiel führt der Autor eine Wanderung mit Jugendlichen an, bei der ...

C Die Textsorte belegen

Merkmale benennen und im Text nachweisen

In deinem Aufsatz solltest du **inhaltliche, sprachliche** und **gestalterische** Besonderheiten der Textsorte getrennt voneinander beschreiben.

1 Bereite einen Textsortennachweis vor, in dem du belegst, dass der Artikel „Pubertät – Baustelle im Großhirn" ein **Kommentar** ist.

a Sieh dir die Merkmale eines Kommentars auf der ▸ Umschlaginnenseite an.

b Ordne die wichtigsten Textsortenmerkmale zum Artikel „Pubertät – Baustelle im Großhirn" in einer Mind-Map. Ergänze jeweils passende Textbelege und die entsprechende Zeilenangabe.

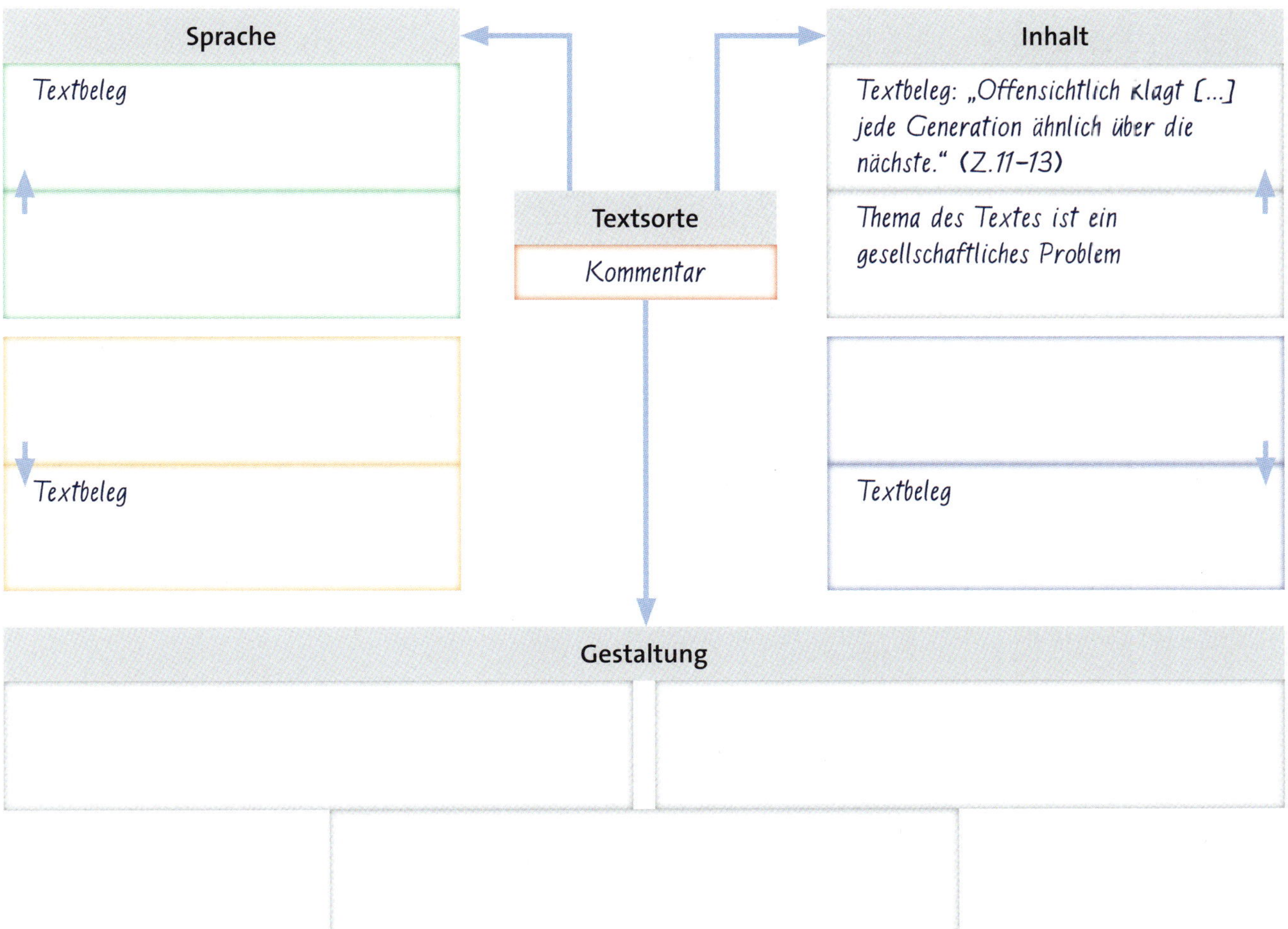

2 Der Text „Pubertät – Baustelle im Großhirn" ist eine Sonderform des Kommentars, nämlich eine **Kolumne**.

a Markiere im folgenden Lexikoneintrag alle Informationen, die für eine noch genauere Textsortenbestimmung nützlich sind:

Eine **Kolumne** ist ein regelmäßig erscheinender, wertender Text, der viele Merkmale des Kommentars aufweist. Sie wird meist in Zeitungen oder Zeitschriften veröffentlicht. Die Kolumne ist vom Layout her hervorgehoben, um die Leserin / den Leser schon optisch auf das wiederkehrende Format, das zum Teil auch immer auf der gleichen Seite erscheint, aufmerksam zu machen: Sie kann z. B. von einem Rahmen umgeben sein, und häufig ist ein Foto der Autorin / des Autors angefügt. Die Kolumne gibt die Meinung einer (oft bekannten) Person wieder. Das Wort „Kolumne" kommt vom lateinischen Wort „columna". Es bedeutet „Säule" oder „Zahlenreihe". In der Drucktechnik benutzt man das Wort auch für Spalten.

b Ergänze neue Informationen in deiner Mind-Map in Aufgabe 1. Beachte insbesondere die Hinweise zum Layout der Kolumne.

3 Du musst nicht alle Merkmale der Textsorte nennen. Achte aber darauf, jedes Merkmal mit einem passenden Textnachweis zu belegen.

a Unterstreiche im folgenden Auszug aus einer Textsortenbestimmung die Textstellen, die einen eindeutigen Bezug zum vorliegenden Text herstellen.

Jn der Textsorte Kommentar nimmt der Autor Stellung zu einem aktuellen Thema. Das macht auch Eckart von Hirschhausen in seinem Text „Pubertät – Baustelle im Großhirn", und er benennt die Thematik gleich zu Beginn. Mit einem Zitat des griechischen Philosophen Sokrates beweist er hier, dass das Verständnis der Generationen füreinander schon vor 2500 Jahren problematisch war und dieser Konflikt bis heute nichts an Aktualität verloren hat.

b Ergänze für den folgenden Textsortennachweis einen passenden Textbeleg.

Typisch für den Kommentar ist außerdem, dass die Verfasserin/der Verfasser des Textes am Schluss ein Fazit aus ihren/seinen Überlegungen zieht. Jm vorliegenden Fall

____

____

____

____

c Ein Kommentar ist immer subjektiv, d. h., er enthält die persönliche Meinung der Autorin / des Autors. Unterstreiche im Text auf Seite 34 f. Stellen, an denen der Verfasser seine Meinung eindeutig nennt. Formuliere dann einen weiteren Textsortennachweis im Heft aus.

4 Auch die Absicht des Verfassers / der Verfasserin ist in einem Kommentar ein Textsortenmerkmal.

a Mit welcher Absicht hat Hirschhausen seinen Kommentar geschrieben? Umrahme die passenden Verben.

informieren • unterhalten • überzeugen • beeinflussen • auffordern • beruhigen

b Ergänze nun die folgenden Sätze:

Eckart von Hirschhausen will die Leser/-innen in seinem Kommentar darüber __________________,

welche ____________________________________. Typisch

für die Textsorte ist außerdem, dass der Autor vor allem __________________, mit seiner ________

__________ __________________ will, indem er __________________ über diese

teils schwierige Zeit schreibt.

D Die Sprache analysieren

Die Aufgabe 3 der Schulaufgabe umfasst zwei Aspekte. Eckart von Hirschhausen erklärt und bewertet die Pubertät und ihre Begleiterscheinungen mit Humor, außerdem zeigt er Fachwissen.
Nenne und erläutere sprachliche Mittel, die das bestätigen.
Tipp: Eine Erklärung der Fachbegriffe findest du auf der hinteren ▸ Umschlaginnenseite.

1 Ergänze in der rechten Spalte der Tabelle das passende Beispiel zum genannten sprachlichen Mittel aus dem Text (mit Zeilenangabe). Markiere diejenigen, die witzig klingen, farbig. Markiere in einer anderen Farbe diejenigen, die zeigen, dass Hirschhausen über Fachwissen verfügt.

Sprachliches Mittel	Textbeispiel (+ Zeilenangabe)
Alliteration	*„Knutschen […] Klavier üben" (Z. 35 f.)*
Fremdwörter	
Aufzählung	
Jugend-/Umgangssprache	
Wortspiel	
Fragesätze	
direkte Rede / Ellipse	
Fachbegriffe	
Doppelpunkte	
komplexe Satzgefüge	

Wenn du die passenden Beispiele und Fachbegriffe zusammengestellt hast, musst du in deinem Text gezielt auf die Wirkung eingehen. Erkläre dazu, wodurch eine Aussage witzig klingt oder wie die Sprache dazu beiträgt, dass man die Fachkompetenz des Autors erkennt (= Textbezug). Daran muss man erkennen, dass du nicht allgemein schreibst, sondern den vorliegenden Text beschreibst.

2 a Lies die Textstelle Z. 25–28 und entscheide, welche Wirkung die direkte Rede hat:

- ☐ Sie wirkt wie eine Durchsage an einem Bahnhof, also recht formell und nüchtern.
- ☐ Sie wirkt sehr authentisch und gefühlsbetont und entspricht der Ausdrucksweise von Jugendlichen.

b Vervollständige nun den unterstrichenen Satzanfang in deinem Heft, indem du auf die Wirkung eingehst.

In Zeile 25–28 hat der Autor eine direkte Rede eingebaut. Das Gesicht des betroffenen Jugendlichen zeige kaum Regungen und scheine auszudrücken: „Achtung: Großbaustelle im Großhirn. Wir bitten Verspätungen und Unannehmlichkeiten zu entschuldigen." Diese Aussage wirkt …
Der Leserin / dem Leser soll dadurch verdeutlicht werden, dass der Jugendliche seinen Zustand gar nicht wahrnimmt und die Veränderungen im Gehirn nicht selbst steuern kann.

3 Streiche in der folgenden Erläuterung eines sprachlichen Mittels alle falschen oder unpassenden Vorgaben.

Eckart von Hirschhausen benutzt für die Umstrukturierung im Gehirn während der Pubertät den Begriff „Umbauaktion" (Z. 19 f.). Durch diese Metapher / diesen Vergleich macht er sich über die Jugendlichen lustig / veranschaulicht er auf witzige Weise die Veränderungsprozesse im Gehirn.

E Begründet Stellung nehmen

Hier geht es darum, deine Gedanken zu der Fragestellung gut zu ordnen und wie in einer Argumentation folgerichtig darzustellen. Aber erst einmal musst du Ideen sammeln.

1 Notiere dir Bereiche, die für Jugendliche heutzutage manchmal mit Problemen behaftet sind:

____

____

____

____

2 Überlege, worüber du am besten schreiben kannst, und mache dir Stichpunkte.

a Übertrage das Cluster in dein Heft. Ergänze, was dir zu dem Punkt Berufswahl einfällt.

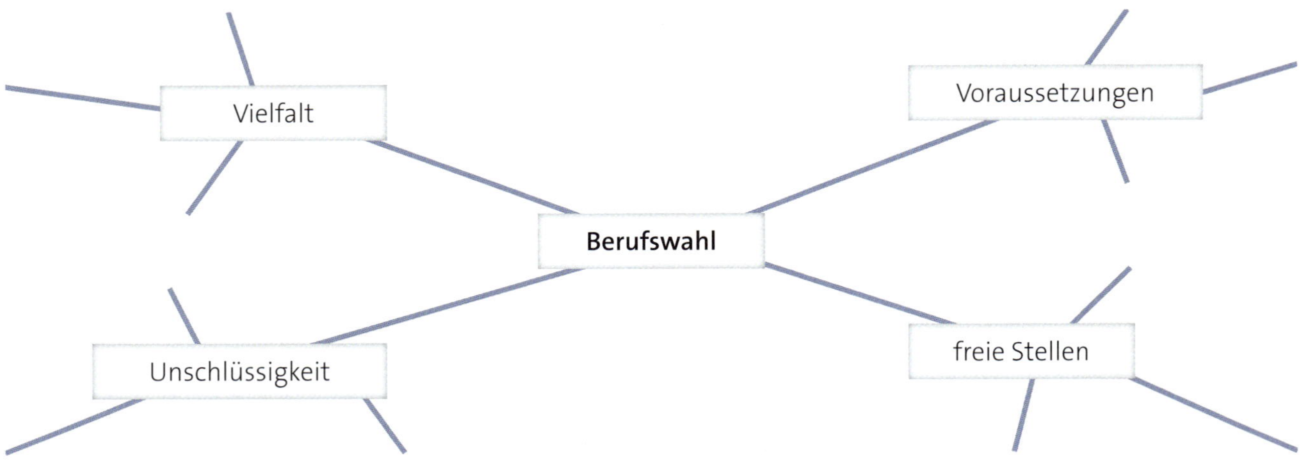

b Ergänze den folgenden Lückentext. Beachte, dass du bei Aufgabe 4 und 5 immer eine Einführung zu deinem Text brauchst.

Obwohl Eckart von Hirschhausen das Thema Pubertät humorvoll darstellt, ist es für Jugendliche heutzutage nicht leicht, mit allen Herausforderungen zurechtzukommen.

Gegen Ende der Schulzeit steht bei vielen die ______________ an. Erst muss man für sich selbst klären, welchen ______________ man ______________ will. Das ist aufgrund der großen ______________ nicht ganz einfach. Vielleicht interessiert man sich ja für eine Ausbildung, für die man aufgrund schlechter ______________ nicht die Voraussetzung mitbringt. Dadurch entsteht ein ziemlicher Druck, der für Jugendliche belastend ist. Aber auch wenn man weiß, was man machen will, und auch dafür geeignet ist, muss man erst einmal ______________ bekommen. Gerade in gefragten Jobs ist das aber gar nicht ______________.

c Formuliere nun eine Argumentation zu einem zweiten Aspekt aus Aufgabe 1 und beende diese mit einem Rückbezug zur Fragestellung. Schreibe in dein Heft.

F Kreativer Schreibauftrag: Eine Schilderung verfassen

1 In der 7. Jahrgangsstufe hast du die Schilderung kennengelernt. Umrahme im folgenden Wortspeicher diejenigen Begriffe, die du für eine Schilderung wichtig sind.

Wortspeicher

Präsens • indirekte Rede • Ausrufe • Vergleiche • Sinneswahrnehmungen • abwechslungsreicher Satzbau • komplexe Satzgefüge • Metaphern • Präteritum • Ich-Perspektive • Personifikation • Fremdwörter • Umgangssprache • aussagekräftige Verben und Adjektive • Nominalisierungen • Ellipsen • innerer Monolog

2 Notiere unangenehme Begleiterscheinungen, die eine Jugendliche oder einen Jugendlichen, die/der keine Lust auf eine Wanderung hat, beschäftigen könnten. Denke an alle möglichen Sinneseindrücke.

3 Schreibe dann deine Schilderung. Du kannst so beginnen:
Jch habe keine Lust mehr! Eigentlich hatte ich von Anfang an keine Lust. Aber meine Eltern sind dermaßen hartnäckig. Dabei wissen die doch genau, wie ich Wandern hasse …

Den eigenen Text verfassen und überarbeiten

Für deine Textbeschreibung kannst du die Elemente, die in den vorhergehenden Aufgaben erarbeitet wurden, verwenden. Orientiere dich an der Reihenfolge der Aufgabenstellung und der Aufgaben auf den Seiten 34 bis 43.
Tipp: Denke daran, deine Textbeschreibung mit einem Schlussteil zu beenden, in dem du die Thematik noch einmal aufgreifen, den Text bewerten oder eigene Erfahrungen einbringen kannst.
Du kannst die Textbeschreibung natürlich auch nach und nach anfertigen.
Überprüfe zum Schluss deinen Text anhand der folgenden Checkliste und überarbeite ihn, wo es nötig ist.

Checkliste

Ja	Nein	
☐	☐	Habe ich in meiner **Einleitung** alle erforderlichen **Informationen** (Textsorte, Titel, Autor/-in, Quelle, Kernaussage) angegeben?
☐	☐	Habe ich im **Hauptteil** alle für die Texterschließung geforderten Aufgaben erfasst?
☐	☐	Habe ich den **Inhalt** knapp mit eigenen Worten zusammengefasst? Habe ich dabei die **Struktur des Textes** aufgezeigt?
☐	☐	Habe ich die **sprachlichen Mittel,** die die humorvolle Sichtweise und die Fachkompetenz des Autors zeigen, benannt und ihre **Wirkung** erläutert?
☐	☐	Habe ich die belegbaren **Merkmale der Textsorte** Kommentar beschrieben?
☐	☐	Habe ich die Fragestellung zur begründeten **Stellungnahme** richtig beantwortet?
☐	☐	Habe ich in meiner Schilderung **passende sprachliche Mittel** eingesetzt und Sinneswahrnehmungen beschrieben?
☐	☐	**Rundet** der Schluss meinen Aufsatz sinnvoll **ab?**
☐	☐	Ist das, was ich geschrieben habe, für andere **nachvollziehbar?**
☐	☐	Sind meine Formulierungen **abwechslungsreich** und **sachlich?**
☐	☐	Habe ich richtig **zitiert?** Sind die Zeilenangaben richtig und vollständig?
☐	☐	Habe ich die **Rechtschreibung** und **Zeichensetzung** überprüft?
☐	☐	Habe ich deutliche **Absätze** gemacht und auf eine **saubere Form** geachtet?

5 „Schönhauser Allee im Regen“ – Einen literarischen Text beschreiben

Hier siehst du eine mögliche Aufgabenstellung für eine Schulaufgabe. Lies sie aufmerksam durch, beginne aber nicht gleich mit dem Schreiben, sondern bearbeite die Übungen auf den Seiten 45–51.

Schulaufgabe

Beschreibe den folgenden Text „Schönhauser Allee im Regen“ von Wladimir Kaminer unter Berücksichtigung folgender Fragestellungen:

1. Fasse den Inhalt der Geschichte kurz mit eigenen Worten zusammen.
2. Ab Zeile 30 steht das vietnamesische Mädchen im Mittelpunkt des Geschehens. Erläutere die Wirkung der in den Dialogen vorkommenden wörtlichen Reden.
3. Beschreibe geeignete Merkmale mit Textbelegen, die einen Hinweis auf die Textsorte geben.
4. Das vietnamesische Mädchen aus der Geschichte scheint recht selbstbewusst und selbstständig zu sein. Begründe, warum es wichtig ist, Kinder zur Selbstständigkeit zu erziehen.
5. Die Geschichte hätte natürlich auch ganz anders ausgehen können. Schreibe einen neuen Schluss ab Zeile 67.

Wladimir Kaminer

Schönhauser Allee[1] im Regen

Informationen zum Autor
Wladimir Kaminer wurde 1967 in Russland geboren. Seit 1990 lebt und arbeitet er als Schriftsteller in Berlin. Er ist bekannt für seine humorvollen Geschichten.

Ab und zu regnet es in der Schönhauser Allee. Ein Unwetter bringt das Geschäftsleben in Schwung. Die Fußgänger verlassen die Straßen und flüchten in alle möglichen Läden rein. Dort entdecken sie Dinge, die sie sich bei Sonnenschein nie angucken würden, und kaufen Sachen, die sie eigentlich überhaupt nicht brauchen, zum Beispiel Regenschirme.

Wenn der Regen aufhört, ist die Luft wunderbar frisch, es riecht nach Benzin und den wasserfesten Farben der Fassaden. In jedem Mülleimer steckt dann ein Regenschirm und überall sind große Pfützen zu sehen. Meine Tochter Nicole und ich gehen oft nach dem Regen spazieren. Wir gehen am Optikladen vorbei. Dort kauft sich ein Araber eine Brille.

„Guck mal!“, zeigt Nicole mit dem Finger auf ihn. „Eine Frau mit Bart!“

„Nimm deinen Finger runter!“, zische ich, „das ist ein Araber, der sich eine Brille kauft.“

„Wozu sind Brillen eigentlich gut? Für blinde Menschen?“, fragt mich meine Tochter.

„Nein“, sage ich, „blinde Menschen brauchen keine Brille. Man kauft sie, wenn man das Gefühl hat, etwas übersehen zu haben.“

Nicole zeigt auf die bunten Benzinstreifen, die in der Sonne blitzen. „Wäre es möglich, dass der Regenbogen vom Himmel runtergefallen ist?“

„Korrekt“, antworte ich.

Wir gehen weiter. Ein vietnamesisches Mädchen steht mit beiden Füßen in einer besonders tiefen Pfütze. Das Wasser reicht ihr fast bis zu den Knien. Sie bewegt sich nicht und guckt traurig vor sich hin. Eine alte Frau bleibt vor ihr stehen. „Armes Mädchen! Du hast ja ganz nasse Füße“, sagt

1 Schönhauser Allee: eine große Straße in Berlin

sie. „Warum gehst du nicht nach Hause und ziehst dir neue warme Socken an?“

Die kleine Vietnamesin schweigt.

„Hast du überhaupt andre Socken?“, fährt die alte Dame fort. „Wo wohnst du? Hast du ein Zuhause?“

Ein Ehepaar bleibt ebenfalls bei dem Mädchen stehen, die Frau erwartet ein Baby, so sind sie auch interessiert.

„Verstehst du eigentlich unsere Sprache?“, fragt der Mann besorgt. Das Mädchen schweigt.

„Sie hat sich bestimmt verlaufen und kann ihre Eltern nicht finden, armes Kind“, vermutet die alte Frau.

Eine Touristengruppe frisch aus einem Bus nähert sich dem Mädchen vorsichtig. Überwiegend ältere Menschen, die miteinander plattdeutsch reden.

„Aber warum steht sie in einer so tiefen Pfütze?“, fragt ein Mann.

„Das ist doch ganz klar: Sie kann unsere Sprache nicht und will auf diese Weise unsere Aufmerksamkeit erregen. Sie signalisiert uns, dass sie Hilfe braucht“, erklärt die schwangere Frau.

„Was machen wir jetzt?“, fragt die alte Dame, die als Erste das Mädchen entdeckt hat.

„Wir können das Kind unmöglich allein hier stehen lassen. Am besten wir rufen die Polizei.“

„Genau“, meint die Touristengruppe, „rufen Sie die Polizei, und wir passen inzwischen auf das Kind auf.“

Plötzlich springt das vietnamesische Mädchen aus der Pfütze nach vorn, das schmutzige Wasser bespritzt die Passanten. Alle sind nun nass: die alte Frau, das Ehepaar, die Plattdeutschtouristen.

„Reingelegt!“, ruft das Mädchen, lacht dabei diabolisch[2] und verschwindet blitzschnell um die Ecke. Alle Betroffenen bleiben fassungslos auf der Straße stehen.

Nicole und ich kennen das Mädchen, weil sie in unserem Haus wohnt. Ihre Eltern haben einen Lebensmittelladen im Erdgeschoss und geben uns manchmal Erdbeeren und Bananen umsonst.

Und diesen Witz kennen wir auch schon. Das Mädchen macht ihn jedes Mal, wenn die großen Pfützen auf der Schönhauser Allee auftauchen und die großen Menschenmengen kurzzeitig verschwinden.

Auf wunderbare Weise wird die Allee aber schnell wieder trocken und belebt, sodass dann keiner mehr auf die Idee kommt, dass es hier vor kurzem noch geregnet hat.

2 diabolisch: teuflisch

A Die Aufgabe verstehen

1 **a** Streiche im Wortspeicher unten alle Aufgaben, die du nicht erledigen sollst.
b Trage die geforderten Aufgaben in einer für dich sinnvollen Reihenfolge von Einleitung bis Schluss ein.

– ______________________________

– ______________________________

– ______________________________

– ______________________________

– ______________________________

Wortspeicher

die Geschichte nacherzählen • Wirkung der wörtlichen Reden in Teil II erläutern • den Text zusammenfassen • alle Merkmale der Textsorte aufzählen • alle sprachlichen Mittel beschreiben • die Struktur beschreiben • Gründe für die Erziehung zur Selbstständigkeit von Kindern erläutern • sprachliche Mittel in Teil I in Bezug auf das Verhältnis von Vater und Tochter beschreiben • einen neuen Schluss für die Geschichte schreiben • die Autorenabsicht darstellen • eindeutige Merkmale der Textsorte beschreiben und am Text belegen • Belege für die Selbstständigkeit des vietnamesischen Mädchens aufzählen

2 Verbinde die Behauptungen aus der linken Spalte mit den passenden Erklärungen in der rechten Spalte.

A Eine vollständige Einleitung ist notwendig,	a weil man die Leser/-innen so überzeugen kann.
B Die Inhaltszusammenfassung muss sachlich und logisch sein,	b denn dadurch kann man sie im Text wiederfinden.
C Die Merkmale der Textsorte müssen mit Zeilenangaben und kurzer Erklärung belegt werden,	c denn so erscheint der Aufsatz als geschlossenes Ganzes.
D Sprachliche Mittel zusammen mit ihrer Wirkung/Funktion darzustellen ist wichtig,	d damit die Leser/-innen sich gut über die Handlung informieren können.
E Im argumentativen Text muss man die drei B berücksichtigen,	e weil man dadurch ihre Bedeutung für die Textstelle erkennt.
F Der Schluss muss den Aufsatz sinnvoll abrunden,	f denn sie enthält wichtige Vorinformationen für die Leser/-innen.

B Den Inhalt der Geschichte erschließen

Den Inhalt des Textes verstehen

1 Lies die Kurzgeschichte noch einmal genau und beantworte die folgenden Fragen.

a Wer ist die Erzählerin / der Erzähler der Geschichte?

____

b Wo und wann spielt die Erzählung?

____

c Wer ist die Hauptfigur der Geschichte?

____

d Welches Verhalten zeigt das vietnamesische Mädchen?

____

e Wer sind die anderen Figuren und welche Rolle spielen sie?

____

____

f Welche Verbindung besteht zwischen dem vietnamesischen Mädchen und dem Vater mit seiner Tochter?

____

____

> Unterstreiche Textstellen und Schlüsselwörter, die dir bei der Beantwortung der Fragen helfen, oder mache dir am Rand Notizen.

Die Einleitung schreiben

2 a Schreibe alle notwendigen Informationen zur Einleitung in Stichpunkten auf.

Autor: ______________________ Textsorte: ______________________

Quelle: ______________________

Überschrift: ______________________

Thematik (Kernaussage): ______________________

____

b Formuliere eine vollständige Einleitung in dein Heft, in die du auch einige Autoreninformationen von Seite 44 einfließen lässt.
Im Wortspeicher findest du Formulierungshilfen zur Auswahl.

Manchmal erhältst du in der Schulaufgabe weitere Informationen zum Text, z. B. über den Autor oder über die Entstehung des Textes. Einige dieser Fakten solltest du in deine Einleitung einbauen.

Wortspeicher

... die der 1990 aus Russland nach Deutschland eingewanderte Wladimir Kaminer ... • ... ein in Berlin lebender Autor russischer Herkunft ... • ... des 1967 in Moskau geborenen Autors ...

Den Inhalt zusammenfassen

3 Mache dir die wichtigsten Handlungsschritte der Geschichte bewusst.

a Vervollständige die Lücken in den vorformulierten Sätzen.

b Ordne die Vorgaben in der richtigen Reihenfolge, indem du sie nummerierst.

Stell dir die Geschichte als Comic oder Bildergeschichte vor und beschreibe, was du siehst.

☐ Verschiedene ______________ bleiben stehen und sprechen das Mädchen besorgt an.

☐ Sie sehen ein ______________ Mädchen, das ______________.

☐ Der Erzähler geht mit seiner Tochter an ______________ in der Schönhauser Allee in Berlin ______________.

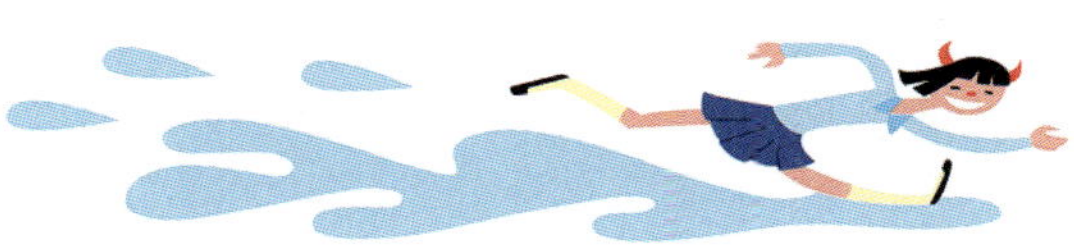

☐ Die beiden ______________ über allerlei.

c Schreibe die übrigen drei Handlungsschritte in je einem Satz auf.

5 ______________________

____

6 ______________________

____

7 ______________________

4 Die folgende Textzusammenfassung enthält einige Fehler.

a Unterstreiche Stellen, die überarbeitet werden müssen. Beachte dabei die Hinweise aus dem Tippkasten.

b Schreibe die Zusammenfassung verbessert in dein Heft. Nutze dazu auch die Handlungsschritte von Seite 47.

Gib die wichtigsten Handlungsschritte der Geschichte in der richtigen Reihenfolge wieder. Formuliere sachlich und in eigenen Worten (keine Zitate!) und achte auf die Einhaltung der Zeitform Präsens.

VORSICHT FEHLER!

Der Erzähler geht mit seiner Tochter in der Schönhauser Allee in Berlin spazieren. Das Geschäftsleben wird vom Unwetter in Schwung gebracht. Sie beobachten, wie die Menschen Regenschirme kaufen. Nicole sieht eine Frau mit Bart, aber es ist ein Araber. Als der Regen aufhört, sehen Vater und Tochter ein vietnamesisches Mädchen, das in einer tiefen Pfütze steht. Ein Ehepaar bleibt stehen und eine alte Frau fragt sie aus: „Wo wohnst du? Hast du ein Zuhause?" Ein paar Touristen, die plattdeutsch reden, kommen dazu. Als sie aus der Pfütze springt, werden alle Umstehenden nass.

C Die Sprache gemäß der Aufgabenstellung untersuchen

1 Ab Zeile 30 steht das vietnamesische Mädchen im Mittelpunkt des Geschehens. Erläutere die Funktion der gestellten Fragen bzw. Ausrufe. Gehe dazu so vor:

a Markiere im Text alle Fragen und Ausrufe der Passanten.

b Skizziere in Stichpunkten, wie sich die Situation in chronologischer Reihenfolge aufschaukelt. Man kann sechs Stufen herausfiltern. Ergänze die Inhalte der folgenden Fragen bzw. Aussagen.

1 Tipp einer Passantin: ____________________

2 Fragen der alten Dame → ____________________

____

3 Frage des Mannes → ____________________

4 Verdacht, Vermutung → ____________________

5 Psychologische Erklärung → ____________________

6 Handlung → ____________________

c Warum sind die wörtlichen Fragen und Aussagen besonders gut geeignet, um die Dynamik des Geschehens darzustellen? Streiche durch, was nicht als Antwort passt:

Antworten

Passanten schaukeln sich gegenseitig hoch • Verdacht wird als Tatsache dargestellt • Fragen tragen zur Klärung bei • wörtliche Reden entwickeln eine Dynamik • geben die Gedanken der Passanten wieder • Aussagen zeigen Interesse der Passanten • Geschehen wird ohne Anhaltspunkte dramatisiert • Versuche, das Kind zu beruhigen

d Erläutere nun die Funktion der gestellten Fragen bzw. Ausrufe und das Schweigen des Mädchens. Beziehe die Ergebnisse der Aufgaben 5 a–c ein.

D Die Textsorte belegen

1 a Der folgende Wortspeicher enthält alle möglichen Textsorten. Streiche diejenigen durch, die zu den journalistischen Texten gehören.

Textsorten

Parabel • Bericht • Fabel • Erzählung • Kommentar • Märchen • Kurzgeschichte • Ballade • Reportage

b Markiere die literarische Textsorte, zu der „Schönhauser Allee im Regen“ gehört.

c Überprüfe, ob du folgende Merkmale findest. Kreuze an, welches Kennzeichen vorhanden ist. Schreibe die Textstelle, wo man das Merkmal findet, mit Zeilenangabe dazu.

- [ ] Sie stellt ein einzelnes Geschehen in den Mittelpunkt. ______
- [ ] Es handeln Alltagsmenschen. ______
- [ ] Am Ende folgt bisweilen ein unerwartetes Ereignis oder eine Wende. ______
- [ ] Sie beginnt unmittelbar. ______
- [ ] Sie hat einen offenen Schluss. ______
- [ ] Satzbau und Wortschatz sind einfach, Verben und Adjektive ausdrucksstark. ______
- [ ] Oft weist die Kurzgeschichte ein Symbol auf. ______

E Begründet Stellung nehmen

1 a Lies die Aufgabenstellung noch einmal durch. Notiere, in welchen Bereichen Kinder selbstständig sein müssen. Markiere zwei Aspekte, die du für deine begründete Stellungnahme verwenden willst.

______

b Lies den folgenden Textausschnitt durch. Markiere mit unterschiedlichen Farben die drei Bs (Behauptung, Begründung, Beleg). Korrigiere die Ausdrucksfehler.

VORSICHT FEHLER!

Das vietnamesische Mädchen aus der Geschichte wirkt recht selbstständig. Viele Kinder sind heutzutage überbehütet und die Eltern nehmen ihnen alles ab. Dabei ist es wichtig, dass der Nachwuchs selbstständig wird. Selbstständigkeit ist spätestens dann gefragt, wenn ein Kind auf die Schule kommt. Aufgrund der Schülerzahlen kann die Lehrkraft sich nicht um alle einzelnen Schüler kümmern. Deshalb ist es unabdingbar, dass jeder seine Unterlagen geordnet hat und sich in der Schultasche findet. Wenn man in der Lage ist, schulische Aufgaben zuverlässig zu tun, ohne dass die Eltern das kontrollieren, ist der schulische Erfolg bestimmt. Außerdem ist die Selbstständigkeit in der Schule nicht nur für das Lernen da. Man muss auch andere Dinge in der Schule in Eigenregie regeln können, z. B. den Pauseneinkauf bei Hausmeister oder das Umziehen in der Umkleide vor dem Sportunterricht. Die Schule ist auf jeden Fall ein sportliches Übungsfeld, um selbstständig zu werden.
Aber auch in der Freizeit …

F Kreative Schreibaufgabe: Einen anderen Ausgang zur Geschichte schreiben

1 Als letzte Aufgabe sollst du den Ausgang der Geschichte verändern.

a Halte fest, was vor der angegebenen Zeile 67 in der Geschichte geplant ist.

Die umstehenden Leute beschließen, ______________________________

______________________________.

b Notiere mögliche Ideen für eine andere Fortsetzung.

____

____

____

____

c Ergänze, worauf du bei der Fortsetzung achten musst.

- Die ______________ perspektive übernehmen. ☐
- Den ______________ Stil beibehalten. ☐
- Eine ______________ Idee einbringen. ☐
- Die Erzähl______________ beachten. ☐
- Ein sinnvolles ______________ überlegen. ☐
- ______________ Rede einbauen. ☐

2 Lies die beiden folgenden anderen Schlüsse für den Text „Schönhauser Allee im Regen“. Prüfe, ob die sechs Punkte aus Aufgabe 8 c erfüllt sind. Notiere den Buchstaben des jeweiligen Endes oben im Kästchen hinter dem entsprechenden Punkt.

A *Das vietnamesische Mädchen mustert die Umstehenden und watet mit einem Mal aus dem Wasser. „Jch arm, ich sieben Geschwister und kranke Mama!“ Die Kleine schluchzt. Die Umstehenden zeigen sich erschüttert. Einige von ihnen zücken ihren Geldbeutel. Verschämt sammelt das Mädchen ein paar Scheine ein. „Huong, was haste da wieder für'n Stuss erzählt! Jetzt sag ich's doch mal Papa!“, tönt es da von jenseits der Pfütze. Plötzlich rennt das Mädchen los, legt den Finger auf den Mund, als es an uns vorbeisaust, und ist schon verschwunden. „Das ist leider meine Schwester“, sagt der Sprecher, ein etwa 14-jähriger Junge im Sportoutfit, „entschuldigen Sie bitte!“ Und dann rennt er dem Mädchen hinterher. Wir kennen die beiden, verraten aber nichts – es sind die Kinder unseres Gemüsehändlers.*

B *Das vietnamesische Mädchen hob nach einer Weile den Kopf und blickte die Leute an. Dann stieg es aus der Pfütze. Die Leute schauten ratlos. Eine Frau drückte ihm einen Zwanzig-Euro-Schein in die Hand. „Da, wenn du neue Schuhe brauchst!" Das vietnamesische Mädchen bedankte sich. Dann hörte man eine Polizeisirene. Das vietnamesische Mädchen wollte schnell davonrennen, aber ein junger Mann hielt es fest. Die Polizisten nahmen das Mädchen fest. Sie mussten es aber wieder freilassen, weil es aus dem Gemüseladen in der Nähe stammte.*

G Den Schluss der Textbeschreibung verfassen

1 Überprüfe die folgenden Schlussmöglichkeiten für die Beschreibung eines literarischen Textes: Was ist gelungen, was sollte verbessert werden? Notiere in der Randspalte. Schreibe einen eigenen Schluss.

A *Die Geschichte von Kaminer finde ich ganz gut. Das Mädchen hatte seinen Spaß, indem es andere Leute bespritzte. Der Erzähler hätte den Leuten aber vielleicht doch einen Hinweis geben sollen.*

A *Der Autor beschreibt in seiner Kurzgeschichte anschaulich, wie ein kleines vietnamesisches Mädchen, das Beachtung sucht oder dem vielleicht auch nur langweilig ist, sich durch das Bespritzen der Passanten einen Spaß erlaubt. Die Geschichte gefällt mir, da sie sehr humorvoll dargestellt wird.*

H Den Text verfassen und überarbeiten

1 a Schreibe nun deine Textbeschreibung in dein Heft. Dafür darfst du natürlich Teile aus den Aufgaben verwenden.
b Überarbeite den Aufsatz anschließend mit der Checkliste.

Checkliste

Ja	Nein	
☐	☐	Enthält die **Einleitung** alle notwendigen Informationen?
☐	☐	Wurden **alle** im Hauptteil gestellten **Aufgaben** erledigt?
☐	☐	Enthält die **Inhaltszusammenfassung** das wichtigste Geschehen in sachlicher Form?
☐	☐	Ist die zur **Sprache** gestellte Aufgabe ausführlich und mit entsprechenden Textbelegen bearbeitet?
☐	☐	Sind die **Beispiele** für sprachliche Mittel **mit Zeilenangaben** belegt und erklärt?
☐	☐	Wurden die **Merkmale der Kurzgeschichte** erwähnt und am Text belegt?
☐	☐	Hast du deine **Aspekte** zur Wichtigkeit selbstständigen Handelns überzeugend dargestellt?
☐	☐	Passt dein **veränderter Ausgang** der Geschichte zum vorherigen Text?
☐	☐	Rundet der **Schluss** den Aufsatz gut ab?
☐	☐	Hast du die **Rechtschreibung und Zeichensetzung** überprüft?

6 „Burkina Faso: Kinderarbeit in den Goldminen" – Eine Reportage erschließen

Hier siehst du eine mögliche Aufgabenstellung für eine Schulaufgabe. Lies sie aufmerksam durch, beginne aber nicht gleich mit dem Schreiben, sondern bearbeite die Übungen auf den Seiten 54–65.

Schulaufgabe

Erschließe den pragmatischen Text „Burkina Faso: Kinderarbeit in den Goldminen" von Lena Hallwirth entsprechend den folgenden Aufgaben:

1. Fasse den Inhalt des Textes unter Berücksichtigung seiner inneren Struktur zusammen.
2. Untersuche die sprachlichen Mittel im Textabschnitt Z. 91–133 und ihre Wirkungen.
3. Erläutere, woran man eindeutig erkennt, dass es sich bei dem Text um eine Reportage handelt. Gehe auch auf die Absichten der Autorin ein.
4. Nimm Stellung zu der Aussage „Schulbildung ist eine Investition in die Zukunft".
5. Schreibe einen inneren Monolog aus der Sicht des Jungen Aboubacar, als er erschöpft von seiner Arbeit in den Goldminen nach Hause kommt und seinen Hunger nicht stillen kann.

Burkina Faso: Kinderarbeit in den Goldminen

Von Lena Hallwirth

Ein Körnchen Glück

Für ein kleines bisschen Gold schuften Männer, Frauen und Kinder in Burkina Faso in hunderten selbst gegrabenen Goldminen. Um zu überleben, klettern sie in unterirdische Tunnel und riskieren dabei ihr Leben. Die großen Gewinne des Goldbooms erzielen andere.

Die rötliche Erde ist aufgewühlt, als wäre ein Meteoritenschauer über den Flecken Land hier im Norden Burkina Fasos niedergegangen. Dutzende kleine Krater durchziehen die Landschaft. Gesteinsbrocken und Erdhaufen bilden den Kraterrand. Jeder unachtsame Schritt bedeutet Lebensgefahr, denn in der Mitte jedes Kraters befindet sich ein tiefes Loch. Plötzlich taucht ein staubbedecktes Gesicht aus der Dunkelheit auf. Geschickt klettert der 15-jährige Aboubacar aus dem schwarzen, scheinbar bodenlosen Schacht und setzt sich zu den anderen Arbeitern auf den Boden. Heute haben sie kein Glück.

Das Erdreich, das sie in großen Säcken mit ihren bloßen Händen aus bis zu 25 Metern Tiefe ziehen, enthält kaum Gold. Die Männer sind enttäuscht, aber die Saison hat gerade erst begonnen. Jetzt, da die kurze Regenzeit vorüber und die Ernte eingeholt ist, versuchen sie in den vielen kleinen Goldminen der Gegend ihr Glück. Eine andere Arbeit gibt es nicht. Um sich und ihre Familien zu versorgen, müssen sie bis zur Erschöpfung und darüber hinaus in dem selbst gegrabenen Tunnelsystem nahe ihrem Dorf Namisgma arbeiten. An manchen Tagen sind die engen Tunnel, die stickige Luft und die gefährliche Arbeit nur im Drogenrausch erträglich.

Dabei haben die meisten hier einen anderen Beruf – als Kleinbäuerinnen und -bauern versorgen sie sich selbst. Doch die wiederkehrenden Dürren der letzten Jahre haben das Land ausgetrocknet, der Wind hat den fruchtbaren Boden abgetragen. Die mächtige Sahara breitet sich aus und nimmt den Menschen der angrenzenden Sahelzone die Lebensgrundlage.

Schnelles Geld

Obwohl es in diesem Jahr nach Langem wieder geregnet hat, ist schon jetzt klar: Die Ernte reicht nicht aus, um alle Menschen der Gegend das ganze Jahr über satt zu machen. Gehen die Vorräte zur Neige, müssen die Familien ihre Tiere verkaufen, um etwas Geld für Lebensmittel zu haben. „Fünf Jahre lang bin ich zur Schule gegangen, aber dann hatten wir kein Geld mehr für die ganzen Schulsachen", erzählt Aboubacar und kratzt Dreck von seinem T-Shirt mit dem berühmten burkinischen Pop-Star.

„Später hätte ich dann wieder hingehen sollen, aber ich wollte nicht", sagt er. Seither arbeitet er in der Goldmine. Tag für Tag klettert er den engen Schacht hinunter, füllt die mitgebrachten Säcke mit Erde und bindet sie an ein Seil. Auf sein Zeichen befördert ein Kollege die Säcke zutage. Anschließend werden die kleinen Goldkörner aus der Erde gewaschen, zu kleinen Klumpen geschmolzen und am Markt der nächsten Stadt verkauft. An guten Tagen verdient Aboubacar weniger als umgerechnet drei Euro. „Die Arbeit ist sehr hart, aber ich will Geld verdienen, um Tiere und ein Moped kaufen zu können“, sagt der schmale Bub verlegen.

„Die Kinder stellen sich vor, dass man in den Goldminen schnell viel Geld verdienen kann – viel schneller als wenn sie in die Schule gehen würden“, erzählt Pater Charlemagne Sawadogo, der als Seelsorger für die in den Minen Arbeitenden da ist. Besonders die etwa 200 Kinder, die in den Goldminen um Namisgma arbeiten, liegen ihm am Herzen. „Bildung hält ein ganzes Leben lang, aber das Geld, das sie in den Minen verdienen, ist gleich wieder aufgebraucht und die Menschen bleiben arm“, so der Priester.

Regelmäßig fährt er mit seinem weißen Jeep über die staubige Straße nach Namisgma. In langen Gesprächen versucht er die Kinder und ihre Eltern von der Wichtigkeit einer guten Schulbildung zu überzeugen. „Es gibt kein Erfolgsrezept. Ich muss auf jede Person anders eingehen, sie kennenlernen und Vertrauen aufbauen. Ich fühle mit den Menschen mit. Sie leiden, aber sie sind nicht alleine mit ihrem Leid, ich bin bei ihnen. Dadurch hören sie auch auf mich, wenn ich ihnen einen Rat gebe.“

Ein schleichender Tod

Salmata hat auf Pater Charlemagne gehört. Seit zwei Jahren geht die 17-Jährige wieder zur Schule. Die Kirche vor Ort übernimmt die Kosten dafür. Davor hat Salmata das Gold aus der zutage geförderten Erde gewaschen und Essen an die anderen Arbeiterinnen und Arbeiter der Mine verkauft. „Kinder sollten nicht in den Goldminen arbeiten, es ist kein guter Ort für sie. Man wird oft krank oder bekommt kranke Hände“, sagt das Mädchen.

Was Salmatas Hände krank gemacht hat, bringt vielen Goldwäscherinnen und -wäschern den Tod. Um die kleinen Goldkörnchen von der Erde zu trennen, wird dem Waschwasser Quecksilber beigemengt. Das flüssige Schwermetall verbin-

det sich mit den Goldpartikeln und sinkt auf den Boden der Plastikkübel, in denen das Gold gewaschen wird. Anschließend wird die Verbindung erhitzt, wobei das hochgiftige Quecksilber verdampft und reines Gold übrig bleibt.

Eigentlich ist diese Praxis verboten, denn langfristig können die giftigen Dämpfe zu Gliederschmerzen, Lähmungen, Angstzuständen, Psychosen und schließlich zum Tod führen. Kontrolliert werden die kleinen, inoffiziellen Minen aber kaum, berichtet Pater Charlemagne. Wer nicht weiß, was die nächste Woche bringt, für den ist die Zukunft weit weg. Das giftige Quecksilber tötet langsam, einen Atemschutz oder Handschuhe trägt hier niemand. [...]

Den Minen entkommen

[...] 63 Mädchen und Buben der Gegend sind mit der Unterstützung der Kirche der gefährlichen Arbeit in den Goldminen entkommen. In einem Ausbildungszentrum in der Stadt Tougouri werden Minenarbeiterinnen und -arbeiter zwischen elf und 17 Jahren etwa zu Tischlern, Schneiderinnen, Webern oder Malerinnen ausgebildet. Zum Abschluss erhalten sie Werkzeug geschenkt und können so in ein besseres Leben starten – ein Leben, das nicht von ein paar Körnchen Gold in der staubigen Erde abhängen soll.*

A Was wird von dir verlangt?

1 Lies die Aufgabenstellung genau durch und mache dir bewusst, was zu tun ist. Vervollständige dazu die folgenden Sätze. Dabei ist auch dein Vorwissen gefragt.

A Ich muss zu Beginn meiner Textanalyse eine ______________________ schreiben, obwohl das in der Aufgabenstellung nicht immer extra verlangt wird.

B Bei der Zusammenfassung des Inhalts muss ich auch ______________________ berücksichtigen.

C Bei der Sprachanalyse gehe ich auf den ______________________, die Wortwahl und die ______________________ ein.

D Alles, was ich über sprachliche Auffälligkeiten schreibe, muss ich auch am ______________________ belegen. Dazu verwende ich Zitate aus dem Text mit Angabe der ______________________, die es den Lesenden erleichtern, die entsprechenden Stellen zu finden.

E Um die ______________________ zu belegen, muss ich nach entsprechenden Kennzeichen in der Reportage suchen. Auch auf mögliche Absichten der Autorin gehe ich ein.

F Die begründete Stellungnahme schreibe ich mit Hilfe von ______________________. Diese bestehen aus Behauptungen, Begründungen und ______________________.

G Der innere Monolog stellt das Gegenteil eines ______________________ dar. Hier spricht eine Person zu sich selbst. Ich baue Gedanken und ______________________ ein, damit die Lesenden nachvollziehen können, wie es der Person geht.

H Meine Textanalyse runde ich im ______________________ ab und gebe einen Blick in die Zukunft oder äußere einen ______________________.

B Das Textverständnis sichern

Um mit dem Text arbeiten zu können, solltest du den Inhalt genau verstehen. Lege dir für **Notizen** ein Blatt Papier neben den Text. So kannst du beispielsweise **Wörter,** die du **nicht verstehst,** oder **Schlüsselbegriffe** notieren oder auch **Zusammenhänge** verdeutlichen. Arbeite außerdem im Text mit farbigen Stiften. Sie helfen dir bei der Zuordnung zu den Aufgaben.

1 Lies die Reportage noch einmal aufmerksam durch und unterstreiche wichtige Textstellen oder mache dir Notizen.

2 Beantworte die folgenden Fragen, um zu kontrollieren, ob du den Textinhalt richtig verstanden hast.

A Wer ist Charlemagne Sawadogo?

____

B Warum arbeiten Kinder in Goldminen?

____

____

C Weshalb müssen viele Familien ihre Tiere verkaufen?

____

D Wovon sind Salmatas Hände krank?

____

E Wie unterstützt die Kirche die Mädchen und Jungen darin, der gefährlichen Arbeit in den Goldminen zu entkommen?

____

____

3 Kläre die Bedeutung unbekannter Wörter oder Wendungen.
Kreuze dazu die richtige Bedeutung an.

Dutzende (Z. 10 f.)
- ☐ einige Krater
- ☐ Menge von zwölf Stück
- ☐ große Anzahl

zur Neige gehen (Z. 47 f.)
- ☐ viel Vorrat haben
- ☐ zu Ende gehen
- ☐ besonderes Interesse haben

etwas zutage befördern (Z. 60)
- ☐ etwas ans Licht bringen
- ☐ hell werden
- ☐ verdeckt sein

Psychose (Z. 114 f.)
- ☐ funktioneller Vorgang im Organismus
- ☐ Wissenschaft vom Verhalten der Menschen
- ☐ schwere psychische Störung

inoffiziell (Z. 116)
- ☐ nicht amtlich
- ☐ von einer Behörde bestätigt
- ☐ unpersönlich

4 Welcher der folgenden Sätze fasst den Inhalt der Reportage deiner Meinung nach am besten zusammen? Kreuze an.

- ☐ Kinderarbeit in den Goldminen ist in Burkina Faso nicht erlaubt, weil es dafür ein Gesetz gibt, das die Kinder schützt.
- ☐ Der Text informiert über die Kinderarbeit in den Goldminen und darüber, wie schwer es ist, dieser Arbeit zu entkommen.
- ☐ Die Kinder verdienen viel Geld in den Goldminen, was sie in ihre Zukunft investieren können, um ihren Lebensunterhalt zu verbessern.
- ☐ Es geht um einen 15-Jährigen, der sein Hobby in den Goldminen beschreibt und dem es Spaß macht, dort zu arbeiten.

C Eine Texterschließung zu einem pragmatischen Text verfassen

Die Einleitung formulieren

1 Überprüfe die folgende Einleitung auf Vollständigkeit. Notiere fehlende oder falsche Angaben in der rechten Spalte der Tabelle. Benenne die Angaben, die vorhanden sind, in der linken Spalte.

VORSICHT FEHLER!

Die Internetseite von missio beschäftigt sich mit der Kinderarbeit in Goldminen. Dabei geht die Autorin Lena Hallwirth in ihrer Geschichte auf die sinnvolle Arbeit ein und stellt fest, dass die Kinder auch die Schule besuchen.

Elemente der Einleitung	
vorhandene Angaben	**fehlende oder falsche Angaben**
Autorin	

2 Im Kernsatz der fehlerhaften Einleitung ist das Wesentliche des Textes nicht erkannt worden. Verfasse eine eigene Einleitung mit allen erforderlichen Angaben und formuliere eine neue Kernaussage.

Den Inhalt des Textes unter Berücksichtigung seiner Struktur zusammenfassen

Nachdem du beim ersten Lesen mit dem Markieren der Schlüsselwörter bereits wesentliche Punkte des Textes herausgefiltert hast, kannst du ihn zur Vorbereitung der Inhaltszusammenfassung in **Sinnabschnitte** unterteilen und dazu **Überschriften** oder **Stichworte** formulieren.

3 Nummeriere die folgenden Überschriften der Sinnabschnitte in der richtigen Reihenfolge und ergänze die Zeilenangaben. Finde für zwei noch offene Sinnabschnitte passende Überschriften.

- ☐ Aufklärung und Gespräche durch den Seelsorger Charlemagne .... (Z. ____ – ____)
- ☐ Die Arbeit in den Goldminen .... (Z. ____ – ____)
- ☐ Unterstützung durch die Kirche .... (Z. ____ – ____)
- ☐ Anpassung der Menschen an die Lebensumstände .... (Z. ____ – ____)
- ☐ Beschreibung der Kraterlandschaft .... (Z. ____ – ____)
- ☐ ________________ (Z. 50–68)
- ☐ ________________ (Z. 102–121)
- ☐ Schulbildung für das Mädchen Salmata .... (Z. ____ – ____)

4 Die Inhaltszusammenfassung eines pragmatischen Textes muss dessen Aufbau berücksichtigen. Im Wortspeicher findest du Formulierungen, die dir dabei helfen. Vorsicht: Nicht alle sind geeignet. Streiche unpassende durch.

Wortspeicher

zunächst • vor der letzten Strophe • im weiteren Verlauf (Z. 29–34) • schließlich • am Ende greift die Autorin • im folgenden Sinnabschnitt • zuletzt • unverständlicherweise • daraufhin erläutert die Autorin • im letzten Abschnitt • zu Beginn • anschließend • in der Unterüberschrift • danach • im Normalfall

5 Fülle die Lücken durch passende Formulierungen, die auf die Struktur hinweisen.

________________ beschreibt die Autorin in den Zeilen 8 bis 15 die Kraterlandschaft von Burkina Faso. Dort arbeiten Menschen in Goldminen, wie auch der 15-jährige Aboubacar. Damit er sich und seine Familie ernähren kann, nimmt er diese Arbeit bis zur Erschöpfung auf sich, wie ________________ zu erfahren ist. ________________ wird beschrieben, dass sich die Menschen aufgrund von Umwelteinflüssen an die Lebensumstände anpassen müssen, was anhand verschiedener Beispiele zum Ausdruck kommt.

________________ erläutert Aboubacar in den Zeilen 50 bis 68, warum er die Schule nicht mehr besuchen konnte. Über seine Arbeit als Seelsorger für die in den Minen Arbeitenden informiert ________________ (Z. 69–90) Pater Charlemagne Sawadogo.

6 Bei der folgenden Fortführung der Inhaltszusammenfassung ist einiges noch nicht korrekt. Markiere die sechs Fehler und schreibe den Text verbessert in dein Heft.

VORSICHT FEHLER!

„Regelmäßig fährt er mit seinem weißen Jeep über die staubige Straße nach Namisgma und versucht die Kinder und ihre Eltern von der Wichtigkeit einer guten Schulbildung zu überzeugen.“ Im nächsten Vers (Z. 80–84) wird von dem Mädchen Salmata berichtet, die es durch den Pater und die Unterstützung der Kirche geschafft hat, den Minen zu entkommen, und nun die Schule besuchen kann. Dabei wird auch meiner Meinung nach sehr genau auf die Risiken der Arbeit in Goldminen eingegangen (Z. 102–121), denn für viele führt die illegale Arbeit langfristig zum Tod. Dass man die Minenarbeit erfolgreich hinter sich lassen kann, zeigt der Bereich von Zeile 123 bis 133. Durch die Hilfe der Kirche können viele Jungen und Mädchen einen Beruf ausüben und sich so ihren Lebensunterhalt verdienen, was wirklich toll ist.

Die Sprache untersuchen

7 Bei der Sprachanalyse gehst du auf die Bereiche Satzbau, Wortwahl und besondere sprachliche Mittel ein. Ordne die folgenden Begriffe in die Tabelle unten passend ein.

Wortspeicher

Alliteration • Anapher • anschauliche Verben • Antithese • Aufzählung • ausschmückende Adjektive • Ausrufesätze • direkte Rede • Einschübe • Ellipsen • Fachbegriffe • Fragesätze • Fremdwörter • Hyperbel (Übertreibung) • komplizierte Satzgefüge • kurze Hauptsätze • Metapher • Neologismus • Personifikation • Redewendungen • Satzreihen • umgangssprachliche Wendungen • Vergleiche • Wortspiel • Wortwiederholung

Satzbau	**Wortwahl**	**Stilmittel**

8 a Lies die Textstelle Z. 50–52 und entscheide, welche Wirkung die direkte Rede hat. Kreuze an.

- [ ] Sie wirkt recht formell und nüchtern.
- [ ] Sie wirkt sehr authentisch und entspricht der Realität des Jungen.
- [ ] Sie wirkt aufgesetzt und spiegelt eher die Vorstellung der Autorin wider.
- [ ] Sie wirkt emotional und unsachlich.

Neben der **Beschreibung der Sprache** solltest du auch auf ihre **Wirkung** eingehen.

b Vervollständige den folgenden Text, indem du auf die Wirkung der direkten Reden eingehst.

In den Zeilen 50 bis 52 hat die Autorin eine direkte Rede eingebaut. Nachdem viele Familien kein Geld für Lebensmittel haben, muss auch Aboubacar seine Familie durch die Arbeit in den Minen unterstützen. „Fünf Jahre lang bin ich zur Schule gegangen, aber dann hatten wir kein Geld mehr für die ganzen Schulsachen.“ Diese Aussage wirkt ____

____

____

____.

Der Leserin/Dem Leser wird dadurch verdeutlicht, dass Aboubacar sich in sein Schicksal gefügt hat und, um überleben zu können, die Schule hinter sich lassen musste.

9 Im Textabschnitt Z. 91–121 „Ein schleichender Tod“ erkennt man sprachliche Besonderheiten zu Satzbau, Wortwahl und Stilmittel.
Finde je eine passende Textstelle zu den drei genannten Bereichen, benenne sie, beschreibe deren Wirkung und gib die entsprechenden Zeilen an.

Satzbau: ____

____

____

Wortwahl: ____

____

____

Stilmittel: ____

____

____

Richtig zitieren

- **Zitate** sind **wörtlich wiedergegebene Aussagen** oder **Textstellen.** Du musst sie durch **Anführungszeichen** kennzeichnen.
- Innerhalb eines Zitats darf der Wortlaut nicht verändert werden. Willst du einen Textteil auslassen, kennzeichnest du die Auslassungen mit [...].
- Nach einem **vorangestellten Begleitsatz** steht ein Doppelpunkt, z. B.: *Pater Charlemagne Sawadogo erklärt: „Es gibt kein Erfolgsrezept.“*
- **Folgt der Begleitsatz** dem Zitat, wird er durch ein Komma abgetrennt. Den Punkt im Satz lässt du weg, z. B.: *„Es gibt kein Erfolgsrezept“, erklärt Pater Charlemagne Sawadogo.*
- Frage- oder Ausrufezeichen gehören zum Zitat und stehen innerhalb der Anführungszeichen.
- **Inhaltszusammenfassungen** müssen **in eigenen Worten** formuliert werden, deshalb sind hier Zitate nicht erlaubt.

10 a Entscheide, ob bei den folgenden Sätzen richtig zitiert wurde. Kreuze die korrekt zitierten Sätze an.
b Korrigiere die falsch zitierten Sätze auf den Linien darunter.

☐ „Fünf Jahre lang bin ich zur Schule gegangen, aber dann hatten wir kein Geld mehr für die ganzen Schulsachen“, so beschreibt die Autorin in den Zeilen 50 bis 52 die Situation des Jungen anhand einer direkten Rede.

☐ Zugleich enthält der Text Fachbegriffe wie Kraterrand (Z. 12 f.) und Quecksilber (Z. 105). Diese betonen den sachlichen und informativen Inhalt der Reportage.

☐ Die Aufzählung „Gliederschmerzen, Lähmungen, Angstzustände, Psychosen“ (Z. 114–115) verdeutlicht, welchen gesundheitlichen Gefahren die Minenarbeiter ausgesetzt sind.

Die Textsorte erkennen und belegen

11 Du kennst bereits verschiedene pragmatische Textsorten wie den Bericht (B), die Reportage (R) und den Kommentar (K). Notiere auf der Linie hinter dem Merkmal, auf welche Textsorte sie zutreffen.
Tipp: Manche Kennzeichen treffen auf zwei Textsorten zu.

☐ Der Text beginnt mit einem szenischen Einstieg. ______

☐ Im Text kommen häufig Zitate betroffener Personen vor. ______

- [ ] Die Sprache des Textes ist sachlich und nüchtern. ______
- [ ] Die Autorin / Der Autor ist immer namentlich genannt. ______
- [ ] Fotos veranschaulichen den Textinhalt. ______
- [ ] Die Autorin / Der Autor zieht am Ende ein Fazit aus ihren/seinen Überlegungen. ______
- [ ] Die Glaubwürdigkeit des Textes wird durch die Befragung von Experten verstärkt. ______
- [ ] Manchmal wird in einem Zooming-out die Eingangsszene noch einmal aufgegriffen. ______
- [ ] Der Text beschränkt sich auf nachprüfbare Informationen. ______
- [ ] Die Autorin / Der Autor will auf die Meinung der Leserinnen und Leser Einfluss nehmen. ______
- [ ] Um verschiedene Seiten eines Sachverhalts darzustellen, wird die Perspektive gewechselt. ______
- [ ] Die Autorin / Der Autor lässt die Leserinnen und Leser wie durch das Auge einer Kamera unmittelbar an ihren/seinem subjektiv gefärbten Erlebnisbericht teilhaben. ______
- [ ] Die Autorin / Der Autor erklärt Hintergründe und Zusammenhänge, weil sie/er die Leserinnen und Leser von ihrer/seiner Meinung überzeugen möchte. ______
- [ ] In dem Text geht es um die Bewertung oder Kommentierung eines gesellschaftlichen, oft gerade aktuellen Problems. ______

12 Überprüfe nun, welche Merkmale auf den Text „Burkina Faso: Kinderarbeit in den Goldminen" zutreffen. Kreuze diese Merkmale in der Auflistung oben an.

13 Streiche bei der folgenden Textsortenbestimmung durch, was nicht zutrifft.

Verschiedene Merkmale verdeutlichen, dass es sich bei dem pragmatischen/literarischen Text um eine Reportage handelt. So steigt der Autor / die Autorin mit einem Detail (Beschreibung der Kraterlandschaft/Kinderarbeit) durch die Verwendung des Perspektivenwechsels / der Zoomtechnik direkt in das Geschehen ein, um das Interesse der Leser/-innen zu wecken und sie in die Situation hineinzuversetzen. Das aktuelle/historische Ereignis (Arbeit in den Goldminen) bietet den Anlass für das Thema „Kinderarbeit in Goldminen". Darüber hinaus ist erkennbar, dass Lena Hallwirth vor Ort / am Computer recherchiert hat. Dies zeigen die genauen Schilderungen der Umgebung (Z. 8–15). Die Reportage wirkt dadurch und durch die ausdrucksstarke Sprache anschaulicher und lebendiger/informativer als ein Bericht. Für die Textsorte ist weiterhin typisch, dass Schilderungen der Atmosphäre vor Ort und sachliche Informationen, hier zum Leben der Menschen in Burkina Faso / auf der ganzen Welt (Z. 8–34), abwechseln.

14 Setze die Textsortenbestimmung fort. Schreibe den folgenden Text in dein Heft und ergänze dabei die ? .
Der Wortspeicher kann dir helfen.
Beachte: Nicht alle Begriffe werden benötigt.

Wortspeicher

Reportage • Diagramm • Illustration • Untertitel • Lead • Zwischenüberschriften • Grafik • Schlagzeile (Headline) • Informationen • Absätze • Fotos • Layout • Perspektivenwechsel • Spaltensatz • Zooming-out

Kennzeichen der Reportage ist außerdem der ? . Dabei kommen nicht nur der Junge Aboubacar (Z.50–52) und der Pater Charlemagne Sawadogo (Z.69–79) zu Wort, sondern auch das Mädchen Salmata (Z.98–101). Auch der Schluss ist charakteristisch für die ? . Mit der erneuten Anspielung auf die „staubige Erde" (Z.133) wird die Eingangsszene noch einmal aufgegriffen (?). Zudem belegt auch das ansprechend gestaltete ? , dass es sich um eine Reportage handelt. Typisch sind die ? , die die Berichterstattung ergänzen und einen Leseanreiz bieten. Neugier weckt auch die fett gedruckte ? „Burkina Faso: Kinderarbeit in den Goldminen". Sie regt zur Lektüre an. Aufklärung über den Inhalt des Artikels geben allerdings die ? , die den relativ langen Artikel strukturieren.

Die Absicht der Autorin erkennen

Bei subjektiv **wertenden Textsorten** ist die **Absicht** der Autorin / des Autors in der Regel gut zu erkennen. Meist wollen die Verfasser/-innen durch ihre Meinungsäußerung die Leser/-innen **zur eigenen Meinungsbildung herausfordern.** Werden Fakten genannt, steht die Information im Vordergrund.
Mögliche Intentionen der Autorinnen und Autoren: kritisieren, ins Lächerliche ziehen, loben, informieren, appellieren (zum Handeln aufrufen), unterhalten, zum Nachdenken anregen, Betroffenheit erzeugen, usw.

15 Streiche die Sätze durch, die nicht auf den Text „Burkina Faso: Kinderarbeit in den Goldminen" zutreffen.

A Lena Hallwirth ist emotional berührt und drückt das in ihrem Text auch aus.

B Die Autorin zeigt ihre Wut über die Ausbeutung der Goldminenarbeiter.

C Die Verfasserin will aufzeigen, wie Schulbildung Kinderarbeit verhindern kann.

D Die Autorin möchte möglichst genau die menschenunwürdigen Zustände in den Goldminen in Burkina Faso beschreiben.

E Die Journalistin zeigt auf, dass es für viele Kinder kaum Möglichkeiten gibt, sich gegen Kinderarbeit zu wehren.

F Die Autorin appelliert an die Leser/-innen, aktiv gegen die Kinderarbeit vorzugehen.

G Die Verfasserin will klarmachen, dass auch ein kleiner Protest etwas bewirken kann.

16 Formuliere einen Abschnitt für deine Texterschließung in dein Heft, indem du die Absicht der Autorin darstellst und begründest.
Vergiss nicht, die Sätze passend zu verknüpfen.

Eine begründete Stellungnahme zum Text schreiben

Wenn ihr **begründet Stellung nehmen** sollt, müsst ihr eine Position beziehen (pro oder kontra) und euren Standpunkt mit mindestens zwei schlüssigen und inhaltlich vollständigen **Argumentationen mit Behauptung, Begründung und Beispiel,** vertreten. Ihr dürft dabei auch Aspekte aus dem Text aufgreifen, aber achtet darauf, dass ihr diese nicht einfach nur wiederholt.

17 In der Reportage steht:
„Bildung hält ein ganzes Leben lang, aber das Geld, das sie in den Minen verdienen, ist gleich wieder aufgebraucht und die Menschen bleiben arm“ (Z. 76–79).

a Begründe, warum Schulbildung eine Investition in die Zukunft ist. Sammle zunächst Stichpunkte zu dieser Aussage.

- Bildung hilft gegen Ausbeutung, denn wer lesen und schreiben kann, kennt seine Rechte und verteidigt sie
-
-
-
-

b Schreibe eine begründete Stellungnahme (zwei Argumentationen).

Einen offenen Schreibauftrag bearbeiten

18 Lies die Aufgabenstellung für den offenen Schreibauftrag (S. 52) noch einmal genau durch und unterstreiche, was von dir verlangt wird.

Ein **innerer Monolog** gibt **Wahrnehmungen, Gedanken und Gefühle** einer Person in der **Ich-Form** im Präsens wieder. Er kann Gedankensprünge, Fragen, Ausrufe und Einschübe enthalten. Er muss inhaltlich und sprachlich zum Text und zu der Figur passen.

19 Um einen inneren Monolog aus der Sicht des Jungen Aboubacar nach einem langen und harten Arbeitstag schreiben zu können, musst du dich in seine Lage versetzen. Lies den Tipp zum inneren Monolog und ergänze in der Gedankenblase weitere Ideen.

Ich kann vor Hunger nicht einschlafen!

Mir ist heiß.

Meine Finger schmerzen.

Den ganzen Tag auf den Beinen …

Mir tut alles weh!

20 Schreibe mit Hilfe deiner Ideensammlung einen inneren Monolog in dein Heft.

D Den Schluss gestalten

Auch wenn Einleitung und **Schluss** in der Aufgabenstellung nicht genannt werden, gehören sie immer zu einem vollständigen Aufsatz. Im Schluss kannst du deine persönliche Meinung zum Text oder zum Thema ausdrücken. Da du dies bereits bei der begründeten Stellungnahme gemacht hast, würdest du dich wiederholen. Deshalb kannst du weitere Aspekte formulieren, indem du einen **Ausblick** gibst, **Kritik** übst oder **Forderungen** und **Wünsche** äußerst.

1 Der Schluss rundet den Aufsatz ab. Streiche für einen Schluss ungeeignete Satzanfänge.

A Die Verfasserin möchte mit ihrer Reportage auf ... aufmerksam machen und befragt ...

B Ich finde den Text interessant / nicht interessant, weil ...

C Ich finde die Reportage nicht gelungen, weil die Autorin ...

D In der Nachricht werden meiner Meinung nach zu viele Menschen befragt, statt dass ...

E Das Thema des Berichts geht uns alle an, deshalb ...

F Besonders nachdenklich gestimmt hat mich die Aussage, dass ...

G Das Thema der Reportage geht uns alle an, deshalb ...

H Nachdem ich die Reportage von Lena Hallwirth gelesen habe, wünsche ich mir für die Zukunft, dass ...

2 Schreibe einen Schluss in dein Heft.
Du kannst dafür die nicht durchgestrichenen Satzanfänge verwenden.

E Die Texterschließung anhand einer Checkliste überprüfen und überarbeiten

1 Überprüfe zum Schluss deine Texte anhand der folgenden Checkliste und überarbeite ihn, wo es nötig ist.

Checkliste

Ja	Nein	
☐	☐	Enthält die **Einleitung** alle nötigen Angaben?
☐	☐	Wurden im **Hauptteil** alle Aufgabenbereiche bearbeitet?
☐	☐	Gibt die Inhaltszusammenfassung den **Text strukturiert** wieder?
☐	☐	Erläutert die Sprachanalyse Auffälligkeiten aus den Bereichen **Satzbau, Wortwahl** und den **rhetorischen Mitteln?**
☐	☐	Belegt sie diese mit **Zitaten** und Zeilennummern?
☐	☐	Geht sie auf deren **Wirkung** ein?
☐	☐	Wird die Textsorte mit sinnvollen **Merkmalen** am Text belegt?
☐	☐	Wird ergänzend zur Textsortenbestimmung die **Autorenabsicht** erläutert und am Text belegt?
☐	☐	Wurden in der **begründeten Stellungnahme zwei Argumentationen** umfassend ausgeführt?
☐	☐	Entspricht der **innere Monolog** der Aufgabenstellung? Berücksichtigt er die Situation der Textvorlage?
☐	☐	Gibt der **Schluss** deinen Standpunkt zum Text wieder?
☐	☐	Hast du den Text im **Präsens** verfasst?
☐	☐	Hast du **Zeichensetzung** und **Rechtschreibung** überprüft?

7 Christian Linker: „Blitzlichtgewitter" – Einen Auszug aus einem Jugendbuch beschreiben

Hier siehst du eine mögliche Aufgabenstellung für eine Schulaufgabe. Lies sie aufmerksam durch, beginne aber nicht gleich mit dem Schreiben, sondern bearbeite die Übungen auf den Seiten 67–80.

Schulaufgabe

Erstelle gemäß der Aufgabenstellung eine Textanalyse zum Ausschnitt aus dem Jugendroman „Blitzlichtgewitter" von Christian Linker.

1. Fasse den Inhalt des Textausschnitts zusammen.
2. Beschreibe die sprachlichen Mittel, die die Gefühle und Empfindungen von Fabian genauer veranschaulichen.
3. Nenne die Zielgruppe, an die sich der Text richten könnte, und erläutere, welche Verhaltensänderung der Autor für die Zielgruppe des Textes beabsichtigt.
4. Fabians Verhalten bezeichnet man auch als Cybermobbing. Nimm Stellung dazu, warum diese Form des Mobbings für die betroffenen Opfer besonders schlimm ist.
5. Schreibe aus Fabians Sicht einen Brief an Becca, in dem er sich entschuldigt und Lösungswege aufzeigt, um die Situation für beide erträglicher zu gestalten.

Christian Linker

Blitzlichtgewitter (Kapitel 3)

Die Geschichte wird aus der Perspektive des 15-jährigen Fabian erzählt, der von Becca, seiner großen Liebe, verlassen wurde. Auf einer Party trifft er sie wieder, doch sie will nichts mehr von ihm wissen. Fabian betrinkt sich aus Liebeskummer und weil er dazugehören möchte. Schließlich trinken alle seine Freunde am Wochenende Alkohol. Als sich ihm an diesem Abend die unverhoffte Gelegenheit bietet, macht er mit seiner Handykamera gemeine Fotos von seiner fest schlafenden Ex-Freundin, die er anschließend im Freundeskreis per Bildnachricht mit dem Handy verschickt.

Informationen zum Autor
Christian Linker wurde 1975 geboren, studierte Theologie und arbeitete in der außerschulischen Jugendbildung. Er lebt mit seiner Familie in Leverkusen. Seine Romane wurden mehrfach mit Literaturpreisen ausgezeichnet. „Blitzlichtgewitter" erschien erstmals 2008 im Deutschen Taschenbuchverlag in der Reihe dtv pocket.

Eigentlich hätte ich mit Übelkeit, Brechreiz und entsetzlichen Kopfschmerzen aufwachen sollen. Aber das geschah nicht. Aus einem tiefen, traumlosen Schlaf fuhr ich urplötzlich hoch und stand sofort unter Strom. Wie von alleine richtete sich mein Oberkörper auf. Mann! Ich hatte eine unglaublich gigantische Scheiße gebaut! Aber was noch gleich? Ich hockte auf der Luftmatratze, auf der ich immer pennte, wenn ich bei Raczewski übernachtete. Er selber schlief in seinem Bett, das Gesicht zur Wand gedreht, und schnarchte leise. Unsere Klamotten lagen im Zimmer verstreut. Alles wirkte ganz normal wie an jedem x-beliebigen Morgen nach jeder x-beliebigen Party. Von der Assel bis hierher war es ein Fußweg von weniger als einer halben Stunde. Wir hatten unsere Räder geschoben und dabei ein letztes Bier getrunken und ich war – glaube ich – einmal hingefallen? Ich verdrehte den rechten Arm und glotzte auf den Ellenbogen. Jep, eine dicke Schramme. Und hatten wir dabei irgendwas mit unseren Handys gemacht? Hatten wir. Aber warum?
Plötzlich fuhr in meinem Kopf ein irrer Trailer ab: Schlafzimmer, Assels Zimmer, Becca, Satinbettwäsche, Marker, Schlampe. Schlampe? Ich sprang elektrisiert auf, griff nach meiner Jeans und holte das Handy aus der Hosentasche. Noch nie war mir aufgefallen, wie langsam das Teil eigentlich war. Im Schneckentempo folgte es meinen Klicks durchs Menü und öffnete endlich die Fotos von letzter Nacht. Beccas Gesicht, halb von ihrer Hand verdeckt. Beccas Gesicht nochmal von ganz nah.

Becca mit zwei Worten auf ihren nackten Bauch gekritzelt. *Doofe Schlampe* stand da in roten Buchstaben geschrieben. Gekritzelte, verrutschte, aber lesbare Buchstaben, das a ging genau um den Bauchnabel herum. Und das Bild wackelte, weil meine Hand zitterte. Ich konnte kaum die richtigen Tasten drücken, um im Menü *Mitteilungen* die gesendeten Nachrichten aufzurufen. „Pff“, machte ich zu mir selbst und ließ mich völlig kraftlos rücklings auf die Matratze fallen. Ich hatte die Bilder von Becca an alle möglichen Leute geschickt. Ich öffnete die Hand und das Handy glitt heraus, so wie im Film einem tödlich verwundeten Helden das Schwert aus der Hand gleitet in dem Augenblick, in dem er stirbt. Aber ich starb nicht. Ich musste weiterleben. Ich griff wieder nach dem Handy und sah mir alles nochmals an: die Bilder, die gesendeten MMS, die Namen der Empfänger. Raczewski natürlich, aber auch Schmidt war dabei, ja sogar der Eimer. Ich richtete mich wieder auf. Mein Daumen wollte telefonieren, wollte, dass ich die Leute anrief, sie beschwor, die Bilder sofort zu löschen, niemandem was davon zu sagen und die Sache einfach zu vergessen. Mein Daumen klickte schon auf die Nummer vom Eimer. Aber ich sagte ihm, dass das doch eh schon keinen Sinn habe, dass es jetzt eh zu spät sei, dass die Bilder längst in alle Welt unterwegs seien. Mein Daumen brach die Anwahl ab. Aus dem Handgelenk warf – oder besser: schüttelte ich das Handy von mir, als wäre es ein Brocken Hundekot. Mit einem dumpfen Schlag prallte es gegen den Schrank und fiel zu Boden. Das Gerät würde es überleben, es hatte schon ganz andere Sachen überlebt. Aber ich? Ich war quasi ein toter Mann. Und noch jemand war quasi tot. Becca. An sie hatte ich ja noch gar nicht gedacht! Wann würde sie es erfahren? Von wem? Und was würde sie dann machen? Würde sie sich überhaupt wieder in die Schule trauen? Und ich? Traute ich mich denn in die Schule? „Hey, was war das?“ Anscheinend hatte ich Raczewski geweckt. Er hatte den Oberkörper aufgerichtet und blinzelte mich verwirrt an. „Warst du das gerade? Was ist los, Mann?“ „Ach“, machte ich nur. Sein Blick glitt von mir zum Schrank und er entdeckte das Handy. Das Gehäuse war aufgesprungen und der Akku herausgefallen. Er sah wieder zu mir. Dabei rieb er sich die Augen. „Hey – alles in Ordnung?“, fragte er. „Nee“, ich schüttelte den Kopf. „Echt nicht, Mann.“ Raczewski glotzte ahnungslos. „Diese Scheiße von gestern“, murmelte ich und blickte zu Boden. Raszewski begann offenbar, sich zu erinnern. Denn er griff nach seinem Handy, das auf dem Nachtisch lag, und tippte auf der Tastatur herum. Dann reif er aus: „Hammer! Die Bilder!“

„Die Bilder“, wiederholte ich mit dumpfer Stimme.

„Und jetzt bereust du's? Oder was ist dein Problem?“

„Ach nö.“ Ich fuhr zu ihm herum. „Ich bin super stolz darauf! Ich kann gar nicht erwarten, bis Becca davon erfährt, die wird das echt super finden, bestimmt krieg ich sogar 'nen Preis dafür, am besten ich schicks's gleich noch an die BILD-Zeitung!“

„Okay, okay“, winkte Radczewski ab. „Ich hab verstanden“. „Und jetzt?“

„Wie – und jetzt?“

„Was soll ich denn jetzt machen?“

„Was willst du denn machen?“ *

A Was wird von dir verlangt?

1 Wie musst du bei der Vorbereitung und beim Schreiben des Aufsatzes vorgehen? Nummeriere die einzelnen Aufgabenschritte in der richtigen Reihenfolge.

☐ Ich schreibe im Schluss über meine eigenen Gedanken zu der angesprochenen Thematik bzw. darüber, wie ich den Romanauszug gefunden habe.

☐ Ich lese den Text erst einmal genau durch. Mir unbekannte Wörter versuche ich aus dem Zusammenhang zu erschließen oder schlage sie in einem Wörterbuch nach.

☐ Ich schreibe im Hauptteil über die einzelnen Teilbereiche, die die Aufgabenstellung von mir fordert.

☐ Ich lese nicht nur den Text, sondern auch die Aufgabenstellung gründlich durch. Dann fertige ich auf Grundlage der Aufgabenstellung eine Gliederung an.

☐ Ich beginne meinen Aufsatz mit der Einleitung, in der die Quellenangaben und eine Kurzzusammenfassung des Inhalts in einem Satz stehen.

Arbeite stets mit **verschiedenfarbigen Stiften.** Unterstreiche z. B. **Wichtiges** (Fachbegriffe, Namen, Zahlen ...) und markiere für dich **unbekannte Begriffe** oder **Wendungen,** die du aus dem Text erschließen musst.

B Den Romanauszug verstehen

Den Text fragend erschließen

1 Bevor du mit der Inhaltszusammenfassung beginnen kannst, musst du dich mit dem Textinhalt gründlich auseinandersetzen.

a Lies dir den Text nochmal durch. Markiere Informationen zum Inhalt.

b Beantworte die folgenden W-Fragen in Stichworten.

Wer sind die Hauptfiguren?

Wann und wo spielt die Geschichte?

Worum geht es in dem Textauszug?

c Formuliere knapp in eigenen Worten, was am Abend zuvor geschehen ist.

Unbekannte Wörter und Wendungen klären

2 Welche Wörter und Wendungen in dem Romanauszug sind dir noch nicht ganz klar? Unterstreiche sie im Text und erschließe ihre Bedeutung aus dem Zusammenhang oder mit Hilfe eines Wörterbuchs.

3 Wenn man absichtlich das Gegenteil von dem sagt, was man eigentlich meint, verwendet man Ironie, z. B. bei Regenwetter: „Ist das ein tolles Wetter!“ Gemeint ist: Das Wetter ist nicht toll, sondern schlecht.

a Schreibe auf, was mit den folgenden ironischen Aussagen zum Ausdruck gebracht werden soll.

„Prima, ich hab’ den Bus verpasst!“

„Super, noch eine Schulaufgabe in dieser Woche!“

b Was meint Fabian mit den folgenden ironischen Aussagen?
Notiere eine Erklärung auf den Linien darunter.

„Ach nö. ... Ich bin super stolz darauf!" (Z. 90–93)

„[...] am besten, ich schick's gleich noch an die BILD-Zeitung." (Z. 95 f.)

Das Textverständnis sichern

4 Erschließe die wichtigsten Handlungsschritte des Textauszugs.

a Streiche dazu in den folgenden Notizen alle unzutreffenden Aussagen durch.

- ☐ Fabian telefoniert gleich nach dem Aufwachen mit Becca.
- ☐ Fabian wacht nach der Feier bei seinem Freund auf und ist verwirrt.
- ☐ Fabian ist entsetzt darüber, was er in der Nacht getan hat. Er hat Angst davor, wie Becca davon erfährt und welche Folgen es hat.
- ☐ Fabian ist stolz auf seine Tat und betrachtet nochmals die Bilder auf dem Handy.
- ☐ Fabian versucht sich an die Geschehnisse auf der Party zu erinnern.
- ☐ Fabian weiß ganz genau, was er nun machen will.
- ☐ Fabian will die Freunde überreden, die gesendeten Bilder zu löschen, aber er verwirft den Gedanken.
- ☐ Fabian findet die Bilder auf seinem Handy, die er von der schlafenden Becca gemacht hat.
- ☐ Fabian ist verzweifelt und bittet seinen Freund um Rat.
- ☐ Fabian will die Bilder an die BILD-Zeitung schicken, da sie sehr gut sind.

b Gib die zeitlich richtige Reihenfolge der Handlungsschritte wieder, indem du Nummern in den Kästchen der richtigen Aussagen notierst.

5 Fabian werden erst allmählich die Folgen seines Tuns für sich und Becca bewusst.

a Markiere die entscheidende Textstelle im Textauszug und gibt die Zeilen an: ______________________

b Erkläre, warum Fabian sein Handy „abschütteln" will (vgl. Z. 61–62) und stelle eine Verbindung zu dem Ereignis des vorherigen Abends her.

6 Am Ende des Romanauszugs (Z. 100 f.) fragt Fabian seinen Freund: „Was soll ich denn jetzt machen?“, worauf dieser antwortet: „Was willst du denn machen?“ Erkläre, worin der Unterschied zwischen der Wendung „ich soll“ und „ich will“ liegt.

____

____

____

7 Der Buchtitel „Blitzlichtgewitter“ wurde bewusst gewählt. Untersuche ihn genauer und beziehe ihn auf den Text.

a Erkläre zunächst die beiden Wortbestandteile des Titels.

Blitzlicht = ____

Gewitter = ____

b Rufe dir in Erinnerung, worum es in dem Textauszug geht.
Überlege dir nun die übertragene Bedeutung.

Der Titel „Blitzlichtgewitter“ bringt zum Ausdruck, dass ______________

____

____

8 Welches Problem wird in dem Romanauszug angesprochen? Kreuze die zutreffendste Aussage an.

- ☐ Es geht um Jugendliche, die auf Partys gehen und sich dort mit ihren Freunden treffen.
- ☐ Es geht um den sorglosen Umgang mit Fotos auf digitalen Medien und die möglichen Folgen.
- ☐ Es geht um einen Jungen, der Liebeskummer hat und seine Freundin zurückgewinnen will.
- ☐ Es geht um Jugendliche, die zu viel Alkohol trinken und dann mit den Folgen leben müssen.

C Einzelne Aufgaben erarbeiten und üben

In der Einleitung wesentliche Angaben machen

1 Eine vollständige Einleitung hat mehrere Bestandteile. Begründe, warum die folgende Einleitung gelungen ist, indem du die markierten Bestandteile benennst.

Titel des Romans ______________

____

Der Roman „Blitzlichtgewitter“ wurde von dem Jugendbuchautor Christian Linker verfasst und erschien erstmals 2008 im Deutschen Taschenbuchverlag in der Reihe dtv pocket. Darin geht es um einen Jungen, der sich aus Liebeskummer an seiner Ex-Freundin rächen will, mit seinem Handy beleidigende Fotos von ihr macht und diese an seine Freunde verschickt.

____

____

____

____

Den Textinhalt erschließen und zusammenfassen

2 a Markiere im Text die Stellen, an denen ein neuer Sinnabschnitt beginnt.
b Unterstreiche innerhalb der Sinnabschnitte die Schlüsselwörter.
c Fasse jeden Sinnabschnitt mit eigenen Worten knapp zusammen.
Lege in deinem Heft eine Übersicht nach folgendem Muster an:

1. Sinnabschnitt (Z. 1 – Z. ...): Fabian wacht nach einer Partynacht auf und ...
2. Sinnabschnitt (Z. ... – Z. ...): ...

Sinnabschnitte strukturieren die Handlung. Oft sind **verschiedene Einteilungen** möglich.

3 Lies die folgende Inhaltszusammenfassung und erkläre, warum sie nicht gelungen ist. Ergänze dazu Korrekturen in der Randspalte. Schreibe anschließend eine korrekte Inhaltszusammenfassung in dein Heft.

VORSICHT FEHLER!

In dem sehr spannenden und unterhaltsamen Romanauszug geht es um den 15-jährigen Schüler Fabian, der wohl zum ersten Mal eine Beziehung hatte, denn er geht mit der Trennung von seiner Freundin Becca nur sehr schlecht um. Nach dem Beziehungsende ist er total frustriert und geht auf eine Party, um sich dort abzulenken. Er trinkt viel Bier und begeht dann eine große Dummheit, wie ich finde. Denn Fabian fotografiert seine schlafende Freundin, der er zuvor noch ein böses Schimpfwort auf den Bauch geschrieben hat. Das ist ein wirklich gemeines Verhalten und das wird Fabian dann am nächsten Morgen auch klar. Er hat bei seinem Freund übernachtet und nachdem er seinen verkaterten Kopf wieder einigermaßen frei hat, wird ihm auch klar, was er Schlimmes angestellt hat. Doch es ist zu spät, denn er hat die Bilder digital an seine Freunde verschickt und da ist dann auch nichts mehr zu machen. Es ist geschehen. Alle wissen darüber Bescheid, was Fabian angestellt hat. Eine schlimme Sache.

Die Sprache entsprechend der Aufgabenstellung analysieren

Achte immer genau auf die **Aufgabenstellung:** „Beschreibe die sprachlichen Mittel, die die Gefühle und Empfindungen von Fabian genauer veranschaulichen." Auf folgende Bereiche solltest du bei der **Sprachanalyse** eingehen: **Satzbau, Wortwahl, Stilmittel.** Auf der ▸ hinteren Umschlaginnenseite findest du eine Auflistung aller sprachlichen Besonderheiten. Diese solltest du dir gut einprägen.

4 Ordne die folgenden Begriffe den Teilbereichen der Sprachanalyse aus dem Tippkasten zu und trage die Buchstaben A–C für Satzbau (A), Wortwahl (B) und Stilmittel (C) in die Klammern ein.

Zitate (____), Aussagesätze (____), Anapher (____), Fremdwörter (____), lange Satzgefüge (____), Symbol (____),

Aufzählungen (____), Neologismen (____), Alliterationen (____), englische Wörter = Anglizismen (____),

Fachbegriffe (____), Ausrufesätze (____), Klimax (____),anschauliche Verben und Adjektive (____),

kurze Hauptsätze (____), Ironie (____), Abkürzungen (____), Personifikation (____), Ellipse (____),

Metapher (____), umgangssprachliche Wendungen (____)

5 In dieser Sprachanalyse sollst du besonders darauf eingehen, wie die Gefühle und Empfindungen von Fabian dargestellt werden.

a Übertrage das folgende Cluster in dein Heft und vervollständige es. Ergänze die Satzanfänge und trage die Zeilenangaben ein.

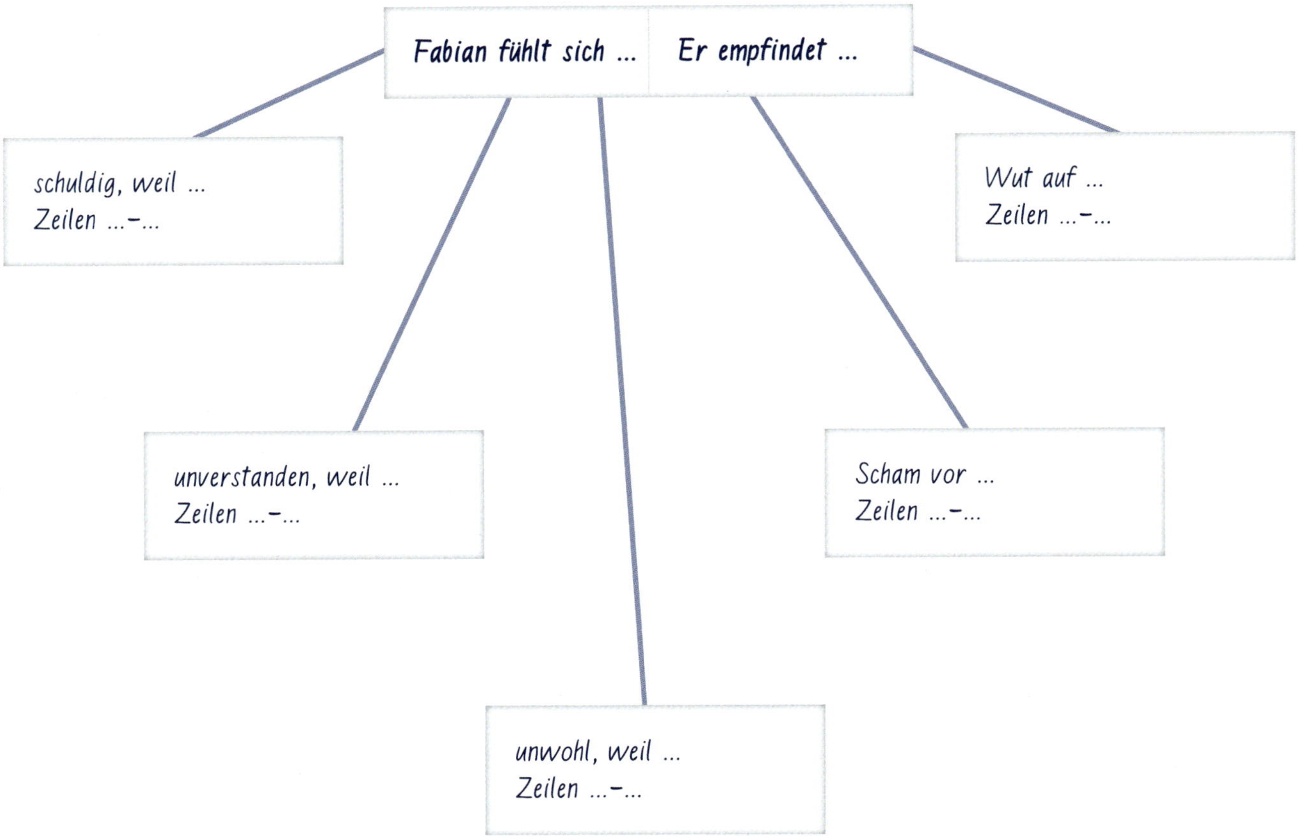

b Um Wortwiederholungen zu vermeiden, solltest du für den Namen „Fabian“ Synonyme finden. Notiere sie.

Fabian, ______________________________

____

c Schreibe nun einen zusammenhängenden Text übers Fabians Gefühle und Empfindungen in dein Heft. Denke daran, dich in deinen Ausführungen immer mit Hilfe von Zitaten auf den Ausgangstext zu beziehen.

6 Untersuche den Satzbau in dem Romanauszug auf Seite 66–67.

a Im Text werden viele Fragesätze verwendet, um Fabians Gefühle näher zu beschreiben. Nenne zwei Beispiele hierfür.

____

____

____

b Erkläre, was der Autor damit bei seinen Leserinnen und Lesern erreichen kann.

____

____

____

c Welche Gefühle werden in den Fragen, die Fabian sich stellt, beschrieben? Nenne diese und finde eine textbezogene Begründung dafür. Gehe vor wie im Beispiel.

„[...] und ich war – glaube ich – einmal hingefallen?" (Z. 17 f.)
→ *Fabian ist verwirrt, weil er sich am nächsten Morgen nicht mehr genau an den vergangenen Abend erinnern kann.*

„Und hatten wir dabei irgendwas mit unseren Handys gemacht?" (Z. 20–22)

„Wann würde sie es erfahren? Von wem?" (Z. 69)

7 Analysiere die Wortwahl im Text.

a Finde für die vier sprachlichen Mittel in der linken Spalte jeweils eine passende Erklärung bzw. Beschreibung der Wirkung in der rechten Spalte. Verbinde zusammengehörige Angaben durch eine Linie.

b Markiere im Text jeweils einen weiteren treffenden Beleg.

Sprachliches Mittel/Textbeispiel	Erklärung bzw. Beschreibung der Wirkung
Umgangs- und Jugendsprache: „[...] und glotzte auf den Ellenbogen. Jep, eine dicke Schramme." (Z. 20)	lebendige Darstellung des Verhaltens
Wiederholung von Begriffen/Namen: „Becca" (z. B. Z. 24)	veranschaulichen Fabians erschrockene Reaktion und die damit verbundenen Gefühle
treffende Verben: „Sein Blick glitt von mir zum Schrank [...]" (Z. 76 f.)	macht deutlich, worum Fabians Gedanken in diesem Moment kreisen
anschauliche Adjektive: „[...] ließ mich völlig kraftlos rücklings auf die Matratze fallen." (Z. 41 f.)	authentische Wiedergabe der Gedanken und Empfindungen eines Jugendlichen; jugendliche Leser können sich gut in Fabian hineinversetzen

8 Ordne den folgenden Beispielen aus dem Text das richtige Stilmittel aus dem Wortspeicher zu.
Notiere es auf der Linie dahinter. Weise ihm dann eine Erklärung zu, indem du in das Kästchen vor dem Beispiel den passenden Buchstaben der Erklärung von unten einträgst.

Wortspeicher

Anapher • Aufzählung • Personifikation • Ironie • Metapher • Vergleich

☐ „Im Schneckentempo" (Z. 29 f.) ______

☐ „Beccas Gesicht [...]. Beccas Gesicht [...]. (Z. 31 f.) ______

☐ „Gekritzelte, verrutschte, aber lesbare Buchstaben." (Z. 35 f .) ______

☐ „ [...] als wäre es ein Brocken Hundekot." (Z. 62 f.) ______

☐ „Meine Damen [...] Aber ich sagte ihm" (Z. 56–61) ______

☐ „Ich kann gar nicht erwarten, bis Becca davon erfährt [...]." (Z. 93 f.) ______

Erklärungen

A Entsetzen bei der Erinnerung an den Vorfall • B Abscheu und Ekel vor dem Handy • C Entfremdung vom eigenen Handeln • D Angst vor Beccas Reaktion • E Entsetzen über das Geschriebene • F Anspannung wegen der Tat und der nur bruchstückhaften Erinnerung daran

9 Eine Sprachanalyse ist nur vollständig, wenn du auch die Wirkung der sprachlichen Mittel erklärst.
Führe die folgenden Satzanfänge weiter, indem du jeweils die passende Fortsetzung ankreuzt.

Der Text enthält viele Fragesätze, wie beispielsweise in den Zeilen 20–22. Hierdurch stellt der Autor ...

☐ ... die Gefühle, die Fabian durch den Kopf gehen, in vielen Gedankenfetzen dar.

☐ ... sein gutes Deutsch unter Beweis, denn er kann auch solche Sätze bilden.

☐ ... seine Leser/-innen vor eine gewisse Herausforderung. Dennoch ist der Text leicht verständlich.

In den Zeilen 22–25 beschreibt Fabian, dass in seinem Kopf „ein irrer Trailer" (Z. 23) abläuft. Mit dieser Metapher, die einen Ausdruck aus der Jugendsprache und einen Anglizismus enthält, wird verdeutlicht, dass ...

☐ ... Fabian durch den Alkoholkonsum verrückt geworden ist.

☐ ... Fabians Erinnerungen wie in einem verrückten Film vor seinen Augen ablaufen.

☐ ... Fabians unglaubliches Erlebnis verfilmt werden sollte.

Im vorliegenden Text kommen einige Anaphern vor, dies wird etwa in den Zeilen 56 und 60 deutlich: „Mein Daumen ... Mein Daumen ...". Diese Wiederholungen des gleichen Satzanfangs ...

☐ ... machen deutlich, dass Fabian in diesem Moment wie ferngesteuert handelt. Nicht er, sondern sein Daumen handelt.

☐ ... betonen, dass Fabian alle Schuld von sich weisen will.

☐ ... verdeutlichen, dass der Autor hier keinen alternativen Begriff gefunden hat und der Daumen sehr wichtig ist.

10 Begründe, warum der Autor in diesem Text viele umgangssprachliche Wendungen verwendet hat, wenn Gedanken und Empfindungen von Fabian näher beschrieben werden.
Schreibe in dein Heft.

11 Formuliere deine Ergebnisse aus den Aufgaben 7, 8 und 9 zu einem zusammenhängenden Text aus, in dem du auch die jeweilige Wirkung der Stilmittel sinnvoll erklärst. Beziehe dich dabei direkt auf die Aufgabenstellung. Erkläre detailliert, wie der Autor Gefühle und Empfindungen von Fabian genauer beschreibt.
Schreibe in dein Heft.

Abwechslungsreich zitieren

12 a In Aufgabe 9 auf Seite 74 wurden verschiedene Zitierformen angewendet. Unterstreiche sie.

b Erprobe zwei verschiedene Möglichkeiten des Zitierens. Forme dazu die folgende Notiz in zusammenhängende Sätze um. Im Wortspeicher findest du Formulierungshilfen. Gehe vor wie im Beispiel:

„Ich sprang elektrisiert auf." (Z. 25 f.)
= *Metapher, Wirkung: Fabian ist sehr erschrocken.*

Achte darauf, die **Zitate** möglichst **abwechslungsreich** in deinen Text einzubauen. Wenn du Gedanken und Formulierungen aus dem Romanauszug übernimmst, musst du dies immer durch **Anführungszeichen** und **Zeilenangaben** kennzeichnen. Sieh dir die verschiedenen Zitiermöglichkeiten auf der ► vordere Umschlaginnenseite an.

Wortspeicher

Im Text finden sich ..., z. B.: „..." • In Zeile xx heißt es: „..." Diese Metapher verdeutlicht, dass ... • Dadurch wird deutlich ... • Durch die Verwendung ... wird veranschaulicht, ...

____

____

____

Bezüge zur Zielgruppe herstellen und beabsichtigte Verhaltensänderung beschreiben

13 a An welche Lesergruppe richtet sich der Text? Kreuze an:

☐ Erwachsene ☐ Jugendliche

Versuche die einzelnen **Teilaufgaben** auch **inhaltlich** miteinander zu **verknüpfen.**

b Ergänze die Lücken im folgenden Text über die Zielgruppe.

Der Text richtet sich, **wie bereits bei der Sprachanalyse** erwähnt, in erster Linie an ______________ Leser-/innen. Diese werden durch den jugendsprachlich gefärbten Romanauszug, z. B. durch Ausdrücke wie ______________ (Z. ________), angesprochen, da dieser Sprachstil dem der Jugendlichen sehr ähnlich ist und sie sich darin wiedererkennen. Zudem richtet er sich auch an die Eltern der Jugendlichen, weil

____

____

____

____

____

c Vervollständige den folgenden Satz über die Absicht des Autors.

Der Autor möchte auch eine Verhaltensänderung bei seinen Leserinnen und Lesern

bewirken, nämlich, dass sie ______________________________

____

____

Begründet Stellung nehmen

14 Mache dir bewusst, mit welcher Fragestellung du dich auseinandersetzen sollst. Markiere die Schlüsselbegriffe.

Fabians Verhalten nennt man auch Cybermobbing.

A Finde drei Gründe, warum diese Form von Mobbing besonders schlimm ist. Notiere sie:

____

____

____

____

B Nenne drei mögliche Folgen, die Cybermobbing für die Opfer hat.

____

____

____

____

15 Nimm in einem argumentativen Teil Stellung zu der Frage in der Aufgabe und beachte hierfür den argumentativen Dreischritt (Behauptung in einem Satz – Begründung – konkretes Beispiel). Schreibe in dein Heft.

Die offene Schreibaufgabe – einen persönlichen Brief bearbeiten

16 Bei einer Textanalyse gibt es auch offene Schreibaufträge. Lies die Aufgabenstellung nochmals genau durch und unterstreiche, was von dir verlangt wird.

> 5. Schreibe aus Fabians Sicht einen Brief an Becca, in dem er sich entschuldigt und Lösungswege aufzeigt, um die Situation für beide erträglicher zu gestalten.

Beachte die **formalen** und **inhaltlichen Vorgaben** für einen **persönlichen Brief.**

17 a Plane den Brief. Versetze dich in Beccas Situation und überlege dir, welche schlimmen Folgen die Handyfotos für das Mädchen haben können.

b Becca empfindet Angst, Wut und Scham. Notiere Gründe dafür.

Angst:

Wut:

Scham:

c Überlege dir, welche Lösungswege Fabian Becca vorschlagen könnte, um mit der Situation besser umgehen zu können.

1. Becca vor allen Freunden über Messengerdienste um Entschuldigung bitten.

2.

3.

d Finde alternative – auch umgangssprachliche – Formulierungen für die Wendung „Es tut mir leid."

18 Setze den folgenden Anfang eines Entschuldigungsbriefs an Becca fort. Schreibe in dein Heft.

Liebe Becca,
ich weiß, dass ich vermutlich der Letzte bin, von dem du etwas hören willst. Du musst mir glauben, dass mir das alles unendlich leidtut. Mir ist klar geworden, wie ich dich durch mein unüberlegtes Verhalten ...

Die eigene Meinung im Schluss begründen

19 Im Schlussteil deines Aufsatzes nennst du deine eigene Meinung zum Text bzw. zum Thema und begründest sie. Ergänze die folgenden Satzanfänge.

Mich hat der Romanauszug sehr nachdenklich gestimmt, weil ______________________________

____

______________________________.

Ein ähnlicher Vorfall wie der im Buch geschilderte ist mir auch bekannt. Hierbei wurde

____

______________________________.

Ich würde den Roman gern ganz lesen/nicht gern lesen, da ______________________________

____

______________________________.

D Angemessen formulieren

1 Bemühe dich um eine sachliche Ausdrucksweise und vermeide umgangssprachliche Wendungen – es sei denn, die Aufgabenstellung verlangt dies ausdrücklich von dir.

a Unterstreiche in den folgenden Sätzen die umgangssprachlichen und jugendsprachlichen Ausdrücke.

b Formuliere die Sätze in einen angemessenen hochsprachlichen Stil um. Schreibe auf die Linien.

A Fabian motzt auch seinen verpennten Freund an.

____

____

B Becca wird zum Opfer eines Racheaktes und kann einem echt leidtun.

____

____

C Fabian ist fix und fertig, als er sich seiner Tat bewusst wird.

____

____

D Sein Freund verhält sich aber eigentlich wirklich klasse, weil er Fabian beisteht.

____

____

E Er hockt also völlig geschafft und müde auf seinem Bett.

2 Versuche möglichst treffend zu formulieren. Vermeide eine unklare Ausdrucksweise und unnötige Füllwörter. Streiche die Floskeln im folgenden Textauszug.

Überhaupt enthält der Text an und für sich viele rhetorische Mittel. Die ganzen Stilmittel bereichern sozusagen den Text. Eigentlich sind schon im Satzbau so ziemlich eindeutige Auffälligkeiten erkennbar, die die Leser/-innen irgendwie ziemlich schnell in das Geschehen einführen.

3 Achte auf einen vollständigen Satzbau. Berichtige folgende Ausführungen.

Der Autor will mit dem Text die Leser/-innen überzeugen, denn er greift ein sehr aktuelles Thema.

Er möchte bestimmt auch den Leser unterhalten, wenn er unterhaltsam berichtet, wie Fabians Abend verlief.

4 Verbessere in den folgenden Sätzen die Satzstellung und schreibe die Sätze verbessert auf. Kontrolliere mit Hilfe der Umstellprobe und überprüfe die Satzstellung in den Nebensätzen.

Auf dem Bett sitzt ein ermatteter Junge, der ist traurig.

Angesprochen hat mich das Thema des Textes, weil es ist sehr aktuell und spannend.

E Den eigenen Text verfassen und überarbeiten

1 a Verfasse nun die Textanalyse zu dem Romanauszug „Blitzlichtgewitter" von Christian Linker.
Schreibe auch die Lösungen zu den Aufgabe 4 und 5 in in dein Heft.

b Überprüfe deinen Aufsatz mit Hilfe der Checkliste.
Überarbeite ihn gegebenenfalls.

Checkliste

Ja	Nein	
☐	☐	Habe ich die **Aufgabenstellung** gründlich gelesen und alle Punkte bei der Bearbeitung beachtet?
☐	☐	Enthält die **Einleitung** alle nötigen Angaben (Titel, Autor/-in, Erscheinungsort und Jahr) und eine Kurzzusammenfassung des Inhalts (Kernaussage)?
☐	☐	Habe ich alle geforderten Aufgabenbereiche bearbeitet?
☐	☐	Gibt die **Inhaltszusammenfassung** den Textinhalt treffend, knapp und in eigenen Worten wieder?
☐	☐	Werden die **Zielgruppen** benannt?
☐	☐	Wird die damit verbundene **Absicht** (beabsichtigte Verhaltensänderung bei der Zielgruppe) überzeugend geklärt?
☐	☐	Wird in der **begründeten Stellungnahme** auf zwei Aspekte Bezug genommen, die dann argumentativ überzeugend dargestellt werden?
☐	☐	Produktionsaufgabe „Einen persönlichen Brief verfassen": Werden im persönlichen Brief **formale Kriterien** erfüllt?
☐	☐	Ist die **Adressatin** berücksichtigt?
☐	☐	Werden die **Gedanken** und **Empfindungen** der Hauptperson in der **Sprachanalyse** durch die Bereiche Satzbau, Wortwahl und Stilmittel näher beschrieben und mit Zitaten aus dem Text gestützt?
☐	☐	Habe ich meine **Aussagen** belegt?
☐	☐	Habe ich **sachlich** und **verständlich formuliert?**
☐	☐	Habe ich auf **Satzverknüpfungen** geachtet?
☐	☐	Habe ich auf die **Vermeidung von Wiederholungen** geachtet?
☐	☐	Habe ich die **Rechtschreibung und Zeichensetzung** überprüft?
☐	☐	Gibt der **Schluss** meinen **eigenen Standpunkt** zum Text und seiner Thematik wieder?

Die Gliederung erstellen

5 Mögliche Lösungen:
Rücksichtnahme auf das Tierwohl, Schonen der weltweiten Wasserressourcen, positiver Einfluss auf die eigene Gesundheit

Seite 9

6 A ist eine vage, schwer zu belegende Behauptung, nimmt etwas aus dem Hauptteil vorweg.
B ist eine falsche Information (4–5 %).

7 durchzustreichende Punkte:
- Lösungsvorschläge
- Erklärung, was ein/-e Veganer/-in ist
- weitere Gründe, die im Hauptteil nicht erläutert wurden

Die Einleitung schreiben

8 Mögliche Lösungen:
Definition des Begriffs „Vegetarismus" – Historische Entwicklung der vegetarischen Ernährung –
eigene Erfahrungen mit Vegetarismus in Familie und Bekanntenkreis –
eigene Überlegungen/Motivation, Vegetarier/-in zu sein oder werden

9 Mögliche Lösungen:
Was spricht dafür, sich vegetarisch zu ernähren?
Welche Vorteile hat vegetarische Ernährung?

C Argumentationen folgerichtig aufbauen

1 Behauptung – Begründung – Beispiel

2 eine Verbindung zur These oder zum Thema

Seite 10

3 a **Behauptung:** Menschen die sich vegetarisch ernähren, machen das oft auch aus Rücksicht auf das Tierwohl.
Begründung: unhaltbare Zustände durch Massentierhaltung
Beispiel: bei Schweinen Bissspuren von Artgenossen; bei Hühnern fehlende Federn
b Mögliche Lösung:
Dieses Tierleid zu vermeiden ist daher ein wichtiger positiver Aspekt vegetarischer Ernährung.

4 Mögliche Lösung:
Ein weiterer Vorteil eines verringerten Fleischkonsums ist, dass auch weniger Wasser verschmutzt wird. Stallhaltung sowie Freilandhaltung haben zur Folge, dass Grund- und Oberflächenwasser durch tierische Ausscheidungen verschmutzt wird. Wertvolles Trinkwasser wird durch Rinder aufgebraucht, vor allem um deren Futterpflanzen zu bewässern. Wie in Material 5 angegeben, verbraucht die Landwirtschaft 50 % des weltweiten Frischwassers für die Viehzucht. Dieser Zustand ist unhaltbar, da Trinkwasser ohnehin schon in vielen Teilen der Erde knapp wird. [...]

Material passend einbauen – richtig zitieren

5 a + b Wie in Material 2 angegeben (2); (vgl. Material 3) (1); Material 5 verdeutlicht (2)

Seite 11

D Den Schluss formulieren

1 durchzustreichende Punkte:
- ausdrücken, dass einen das Thema nicht interessiert
- Vegetarier beschimpfen

2 Mögliche Lösung:
emotional statt sachlich; zu kurz; Umgangssprache; keine Begründungen; keine Abrundung
Mögliche Verbesserung:
Es gibt eine Reihe von Vorteilen, die mit vegetarischer Ernährung verbunden sind. Aber für mich steht das Tierwohl an erster Stelle. Bilder von Massentierhaltung und unmenschlichen Tiertransporten lassen niemanden unberührt. Da man das Leid der Tiere durch fleischlose Ernährung verringern kann, könnte ich mir vorstellen, auch Vegetarier zu werden.
Heutzutage ist Ernährung ein wichtiges Thema. Während früher ein Stück Fleisch als Zeichen von Wohlstand galt, verzichten in unserer Zeit immer mehr Leute freiwillig auf tierische Produkte. So ist in Material 5 angegeben, dass in Deutschland jeder Zehnte mittlerweile Vegetarier ist. Was aber spricht für eine solche Ernährungsweise?
Fragt man Vegetarier nach ihren Gründen, ist meist die praktizierte Tierhaltung ausschlaggebend. In dem Kommentar eines Tierliebhabers (Mat. 6) wird die Massentierhaltung mit ihren bekannten negativen Auswirkungen angeprangert. Bilder im Fernsehen oder Zeitschriften zeigen oft Tiere in engen, dunklen Ställen. Tierfreunde empfinden diese Massentierhaltung wie auch Tiertransporte verwerflich, welche man auf dem Bild in Material 6 sehen kann. Durch den Verzicht auf Fleisch kann man Einfluss auf das Wohl der Tiere nehmen und deshalb entscheiden sich Vegetarier bewusst dafür.
Auch unser Klima profitiert davon, wenn Menschen sich fleischlos ernähren. Die in Material 4 abgebildete Grafik stellt dar, dass durch Vegetarier die Klimabilanz deutlich verbessert wird. Denn die Fleischindustrie hat „mit 15 % der Emissionen“ (vgl. Mat. 5) einen erheblichen Anteil an den für unsere Atmosphäre schädlichen Treibhausgasen.
Einen positiven Einfluss hat das vegetarische Ernährungsverhalten auch auf die weltweiten Ressourcen. Wer sich fleischlos ernährt, schont das Frischwasser und verringert den Flächenverbrauch. Würden sich alle Menschen fleischlos ernähren, wäre der Landverbrauch um mehr als ein Fünffaches geringer, da für Viehhaltung viel Ackerfläche nötig ist (vgl. Grafik in Mat. 1). Außerdem ist zum Anbau oder zur Aufzucht von Tieren eine große Menge an Wasser nötig. Laut der Quelle von Material 5 gehen insgesamt 50 % der Wasserressourcen weltweit in die Viehhaltung. Wer also seinen Fleischkonsum einschränkt, schützt unserer Ressourcen.
Aber auch die Vegetarier selbst tun ihrer Gesundheit etwas Gutes. Wie in Material 3 erläutert ist, wurde schon vor über vierzig Jahren durch drei Studien festgestellt, dass Vegetarier deutlich gesünder leben. So sind deren Blutdruckwerte besser, sie sind weniger gefährdet, an Herz-Kreislauf-Erkrankungen oder Diabetes zu leiden (vgl. Mat. 2), und ihre Lebenserwartung ist höher. So beschließen oft überzeugte Fleischesser von heute auf morgen Vegetarier zu werden.
Selbst wenn man sich nicht entschließen kann, komplett ohne Fleisch zu leben, könnte schon ein fleischloser Tag in der Woche Positives bewirken (vgl. Material 2). Wer dann beim Einkauf noch darauf achtet, woher das Fleisch kommt und sich informiert, wie die Tiere gehalten wurden, kann zumindest auf die Haltung der Tiere einen Einfluss nehmen. So schlägt der Tierliebhaber, der in Material 6 zu Wort kommt, vor, wenigstens beim Kauf von Eiern auf Freilandhaltung zu achten.

2 „E-Scooter: Das Fortbewegungsmittel der Moderne?“ – Eine zweigliedrige Erörterung anhand von Material schreiben

Seite 14

A Was wird von dir verlangt?

1 Hier liegt ein zweigliedriges Erörterungsthema vor.
Zu Beginn muss ich das beiliegende Material auswerten.
Die ausformulierten Argumentationen müssen in ihrer Reihenfolge der Gliederung entsprechen.
Sobald ich mich auf das Material beziehe, muss ich dieses kenntlich machen.
Es müssen nicht alle Materialien verwendet werden.

B Die Erörterung planen

Das Thema analysieren

1 a Immer mehr E-Scooter halten Einzug in Deutschlands Großstädte. Welche Gründe gibt es dafür? Welche negativen Auswirkungen hat dieser Trend?

b Das Thema **behandelt den wachsenden Trend zu E-Scootern in deutschen Großstädten.** Bei der ersten Themafrage geht es darum, **Gründe aufzuzeigen,** warum E-Roller immer häufiger Verwendung finden. In der zweiten Themafrage muss man sich mit den **negativen** Folgen der **steigenden Nutzung von E-Scootern** auseinandersetzen.

Seite 15

2 Warum erfreut sich der E-Scooter immer größerer Beliebtheit?
Welche Nachteile sind mit den E-Scootern verbunden?
Wie ist der Erfolg alternativer Verkehrsmittel zu erklären?

C Das Material auswerten

1 a 18 Prozent der **Befragten** geben an, einen E-Scooter **kaufen** zu wollen.
Fast die Hälfte der Befragten kann sich nicht vorstellen, einen E-Roller bei Bedarf zu **benutzen.**
Über 15 Prozent der **Befragten** sind gegen die Zulassung dieser Roller im Straßenverkehr.
Mehr Menschen würden sich eher einen E-Scooter **kaufen,** als sich einen zu **mieten.**
(nicht abgedruckte Aussagen sind korrekt)

Seite 16

b **Einleitung:**
13 Prozent der Befragten können sich vorstellen, einen E-Roller zu mieten.
18 Prozent der Befragten können sich vorstellen, einen E-Roller zu kaufen.
Hauptteil (Themafrage II):
15 Prozent der Befragten haben Angst vor Unfällen mit E-Rollern.
24 Prozent der Befragten machen sich Sorgen um die Fußgänger.

2 Olibär: „hat so richtig Spaß gemacht" → hoher Spaßfaktor → zu Themafrage I
Matrix: „stehen [...] an jeder Ecke"; „schaut [...] übel aus" → unästhetischer Anblick → zu Themafrage II
Flip39: „Mieten super"; „einige Anbieter" → gemietet ein günstiges Verkehrsmittel → zu Themafrage I
Sunny: „Sein Auto lässt er jetzt immer öfter stehen"; „findet [...] immer einen Parkplatz" → keine Probleme bei der Parkplatzfindung → zu Themafrage I

3 a Wer glaubt, E-Scooter seien unter ökologischen Aspekten fast so gut, wie mit dem Fahrrad zu fahren oder zu Fuß zu gehen, täuscht sich. (Behauptung (II.))
Und weil sich solche Teile nun mal nicht von selber laden, werden sie von Transportern eingesammelt und mit vollem Akku wieder verteilt. (Begründung (II.))
~~Beispiel (II.)~~

Seite 17

b Mögliche Lösung:
E-Scooter sind aber gar nicht so umweltfreundlich, wie die Öffentlichkeit oft glaubt.

c Die Leihroller haben eine Lebensdauer von nur wenigen Monaten, danach werden sie zu Elektroschrott.

d ökologisch/umweltfreundlich – eine kurze Lebensdauer – Elektroschrott – Transportern – Abgase

e Behauptung: E-Scooter sind für kurze Strecken in der Stadt nämlich eine besonders teure Form der Mobilität.
Begründung: Denn ihre Nutzung wird nicht nach Kilometern, sondern nach der Zeit berechnet, zuzüglich einer Freischaltungsgebühr.

4 E-Scooter stellen in Fußgängerzonen ein Sicherheitsrisiko dar.

5 Material 3: E-Scooter bieten der Tourismusbranche neue Möglichkeiten → Themafrage I
Material 5: E-Scooter verringern in Innenstädten den Lärm und die Abgasbelastung. → Themafrage I
Material 7: Bundesrat und Bundeskabinett haben die Zulassung von E-Scootern für Menschen ab 14 Jahren beschlossen. → Einleitung

Den Stoff sammeln

6 a–c Mögliche Lösung:

I. Gründe für die Benutzung der E-Scooter	M	II. Negative Auswirkungen dieses Trends	M
– hoher Spaßfaktor	M 2	– Verschandelung des Stadtbilds	M 2
– man muss keinen Parkplatz mehr suchen	M 2	– viel Elektroschrott	M 1
– bieten dem Tourismus neue Chancen	M 3	– versteckte Abgase	M 1
– weniger Lärm und Abgase in den Innenstädten	M 5	– teures Verkehrsmittel	M 1
– an jeder Steckdose aufladbar		– erhöhtes Unfallrisiko in Fußgängerzonen	M 4/6
– klappbar; brauchen wenig Platz		– wackeliges Fahrgefühl	
		– blockieren häufig Radwege	

Seite 18

Ideen für die Einleitung und den Schluss finden

7 a Kabinett – Mai 2019 – Bundesrat – Bundesverkehrsminister Andreas Scheuer (CSU) – Die E-Roller wurden erst für Personen ab 14 Jahren erlaubt, nicht bereits ab zwölf Jahren.

b Mögliche Einleitung:
Elektroroller sind zur Zeit auf dem Vormarsch, mussten aber erst eine gesetzliche Grundlage erhalten. Nachdem auch die letzte Hürde, die Zustimmung im Bundeskabinett (vgl. Material 7), genommen wurde, steht einer weiteren Verbreitung vor allem in Großstädten nichts mehr im Weg. Warum dieses Verkehrsmittel so beliebt ist, soll im Folgenden erörtert werden. Aber auch die negativen Auswirkungen dieses Trends dürfen dabei nicht vergessen werden.

8 Der Schluss ...
- enthält eine eigene Meinung, die auch begründet wurde.
- blickt in die Zukunft, um die persönliche Sichtweise zu untermauern.

Seite 19

Eine Gliederung erstellen

9 Mögliche Lösung:

A) Am 22. Mai 2019 bewilligte das Bundeskabinett die Zulassung von E-Scootern.

B) Warum sind E-Scooter vor allem in Großstädten verbreitet? Welche negativen Auswirkungen hat dieser Trend?

I. Gründe für die Nutzung von E-Scootern
   1. Ersparnis der Parkplatzsuche
   2. Attraktives Angebot für den Tourismus
   3. Geringer Platzbedarf
   4. Geringere Abgas- und Lärmbelästigung

II. Negative Begleiterscheinungen des Verkehrsmittels
   1. Erhöhtes Unfallrisiko
   2. Blockieren der Radwege
   3. Verfälschte Umweltbilanz
   4. Anfallen von Elektroschrott

C) Für mich ist der Aspekt des massiven Aufkommens von ökologisch wie sozial unverantwortlichem Elektroschrott ein K.-o.-Kriterium.

D Das Material einbauen

1 „Bundeskabinett stimmt Zulassung von E-Tretrollern zu (Mai 2019)“ (~~vgl.~~ M 7) – so lautete die Überschrift, die den Siegeszug der E-Scooter in den Großstädten einläutete. (direktes Zitat in Anführungszeichen)
„Eine weitere negative Auswirkung ~~(M 1)~~ sind die hohen Kosten, die mit dem E-Scooter verbunden sind **(vgl. M 1).**“
(Inhalt als Redebericht wiedergegeben)
Ein Grund hierfür ist, wie in Material 1 erläutert, dass die Nutzung nicht nach Kilometern, sondern nach Zeit berechnet werde und somit auch beim Stopp an der Ampel der Zähler weiterlaufe.

Seite 20

2 Im Artikel der Süddeutschen Zeitung (Material 1) erfährt man, dass E-Scooter unter ökologischen Gesichtspunkten gar nicht so positiv zu bewerten sind. – User/-in „Olibär“ macht in einem Chatbeitrag (siehe Material 2) deutlich [...]

3 Mögliche Lösung:
A Laut des Ratgebers eines Automobilclubs tragen E-Scooter nicht zur innerstädtischen Abgasbelastung bei.
B Wie der Cartoon (vgl. Material 4) deutlich macht, kann dies allerdings zu einem erhöhten Verkehrsaufkommen innerhalb der Innenstädte führen. Auch Fußgänger würden sich dann möglicherweise genötigt sehen, sich gegen Aufprallunfälle zu schützen.

Seite 21

C Zu bedenken ist dabei allerdings, dass gerade ortsunkundige Besucher/-innen, die zudem durch touristische Sehenswürdigkeiten vom Verkehrsgeschehen abgelenkt werden, ein erhöhtes Sicherheitsrisiko darstellen mögen. Bereits jetzt bereitet die Sicherheit der Fußgänger/-innen im Hinblick auf den zunehmenden E-Scooter-Verkehr einem Viertel aller Deutschen Sorgen (vgl. Umfrage des Presseportals, Material 4).

Argumentationen sprachlich ansprechend gestalten

4 Eine **weitere** negative Auswirkung [...] verbunden sind. **Obwohl** die Anschaffungskosten [...] Eine Ursache **hierfür** ist, dass [...] berechnet wird. **Folglich** läuft [...] **Daher** ist es leicht möglich [...] werden kann, **da** man **beispielsweise** an zwei [...]

Seite 22

5 Mögliche Lösung:
A **Vor allem** in einer Gruppe bieten E-Roller für viele Nutzer/-innen **ein hohes Maß an Fahrfreude.** Für sie steht der Spaß im Vordergrund: Mit 20 km/h ist ein **harmloses** Wettrennen jederzeit möglich, da diese Geschwindigkeit keine Risiken birgt.
B Die durch E-Scooter überfüllten Radwege bilden einen **weiteren** Negativaspekt. **Grund hierfür ist,** dass es in den Großstädten bereits immer mehr Fahrradfahrer gibt und die schmalen Wege **somit** kaum ausreichen. Mit den E-Scootern verschärft sich **diese** Situation.

Seite 23

E Die Erörterung verfassen

1 Mögliche Lösung:

Im Mai 2019 stimmte das Bundeskabinett für die Zulassung der elektrisch betriebenen Roller. Zuvor hatte bereits der Bundesrat den Plänen von Verkehrsminister Scheuer zugestimmt, auch wenn die Länderchefs einige Änderungen durchgesetzt hatten. Sie forderten, dass die E-Roller erst für Jugendliche ab 14 Jahren erlaubt werden sollten. Auch lehnten sie ab, dass es eine langsamere Variante für Kinder ab 12 Jahren geben soll (vgl. M 7). Schon kurze Zeit später halten immer mehr E-Scooter Einzug in Deutschlands Großstädte. Deshalb stellt sich mir die Frage, welche Gründe es dafür gibt und welche negativen Auswirkungen dieser Trend hat.

Ein Aspekt, warum es immer mehr E-Scooter in den Großstädten gibt, ist, dass die Roller auch neue Perspektiven für Hotels bzw. für die gesamte Tourismusbranche eröffnen (vgl. M 3). Denn viele Touristen nutzen die E-Scooter, um an die gewünschten Sehenswürdigkeiten zu gelangen. Im Gegensatz zu den offiziell angebotenen Rundfahrten sind die Roller die günstigere und flexiblere Variante. Verbringen beispielsweise junge Menschen ein Wochenende in Köln, können sie mit den E-Scooter schnell und bequem zum Dom gelangen oder weite Strecken am Rheinufer zurücklegen.
Die Userin eines Chatrooms gibt an, dass eine Fahrt mit dem E-Roller die lästige Parkplatzsuche ersparen kann (vgl. M 2). Gerade in den Großstädten hat sich die Parkplatzsituation in den vergangenen Jahren weiter verschärft. Fährt man jedoch mit einem E-Scooter, so bleibt einem dieses Drama erspart. Kauft sich beispielsweise eine junge Frau einen solchen Roller, um zur Arbeit zu gelangen, so kann sie diesen zusammengeklappt in ihrem Büro verstauen. Entscheidet sie sich für einen gemieteten, kann dieser meist problemlos vor dem Arbeitsplatz abgestellt werden.
Ein weiterer Grund für diesen Miet-Trend ist das Sparen der hohen Anschaffungskosten (vgl. M 2). Auch wenn manche Firmen ihre E-Scooter in Rabattaktionen anpreisen, kostet gute Qualität mehrere hundert Euro. Aufgrund der zahlreichen Mietangebote kann man sich dieses Geld sparen. Mit Hilfe einer App aktiviert man die Roller bequem und schnell.
Ein weiterer Grund für die rasche Verbreitung der E-Scooter in den deutschen Großstädten ist ihre positive Umweltbilanz. Die energieeffizienten Elektromotoren erzeugen keinerlei Abgasschadstoffe und fahren fast geräuschlos. Kommt zudem der benötigte Strom aus regenerativen Quellen, so sind diese noch umweltfreundlicher (vgl. M 5). Entscheidet sich beispielsweise ein Angestellter bei seinem Arbeitsweg gegen sein Auto und für den E-Scooter, spart er über die Jahre hinweg Unmengen an Emissionen. Folgen seinem Beispiel weitere Pendler auf Kurzstrecken, kann der E-Scooter erheblich dazu beitragen, dass die Schadstoffbelastung in den Großstädten abnimmt.
Nachdem nun ausführlich die Gründe dieses Trends erörtert wurden, gehe ich im Folgenden auf die negativen Auswirkungen der E-Scooter ein.
Eine negative Auswirkung der ausleihbaren E-Scooter in den Großstädten ist, dass diese teils mitten auf Wegen einfach abgestellt werden und das Stadtbild vielerorts verschandeln (vgl. M 2). In den deutschen Zentren können bereits hunderte von Rollern gemietet werden. Oftmals stehen diese gerade an beliebten Plätzen im Weg herum. Zudem kippen sie leicht um, sodass sie häufig wahllos herumliegen oder sich an Treppenaufgängen stapeln.
Einen weiteren negativen Aspekt machen die hohen Ausgaben aus. Obwohl die Anschaffungskosten aufgrund der Mietmöglichkeiten wegfallen, sind die Gebühren hoch. Denn die Nutzung wird nicht nach Kilometern, sondern nach der vergangenen Zeit berechnet. Folglich läuft der Zähler bei jedem kurzen Stopp oder langsamer Fahrt (vgl. M 1).
Aus der Umfrage in Material 6 geben 15 Prozent an, Angst vor einem Unfall mit einem E-Scooter zu haben. Denn es gibt für sie keine eigenen Wege. Nicht selten kommt es in den Innenstädten zu gefährlichen Situationen, da die Rollerfahrer die Fahrradwege verlassen (vgl. Material 3)
Abschließend kommt hinzu, dass die E-Scooter keinesfalls so umweltfreundlich sind, wie es auf den ersten Blick scheint: Da gerade die Leihroller aufgrund des hohen Verschleißes eine geringe Lebensdauer von nur wenigen Monaten haben und regelmäßig ausgetauscht werden müssen, fallen bereits nach kurzer Zeit Berge von Elektroschrott an. Zusätzlich müssen diese täglich von zahlreichen Transportern eingesammelt werden, um die Akkus wieder aufzuladen. Die verfahrenen Dieselkilometer werden dabei oftmals gar nicht erwähnt (vgl. M 1).
Nachdem nun ausführlich die Gründe sowie die negativen Auswirkungen des Fahrens mit dem E-Scooter erörtert wurden, möchte ich mich abschließend selbst zu dieser Thematik äußern. Aus meiner Sicht überwiegen die negativen Aspekte, da die kurze Lebensdauer der Leihroller zu unglaublichen Bergen an Elektroschrott führen würde. Stellt man sich vor, dass in fünf Jahren tausende E-Scooter, die man mieten kann, in allen Großstädten unseres Landes unterwegs sind, dann wären all unsere Bemühungen, den Elektromüll zu verringern, umsonst. Die kurze Haltbarkeit der E-Roller steht somit in keinem Verhältnis zu ihrem Nutzen.

3 „Bücher lesen: Nein, danke!" – Eine materialgebundene Erörterung schreiben

Seite 26

A Was wird von dir verlangt

1
- Zahlen und Fakten darf ich in meine Argumentationen einbauen.
- Aus meinen Ausführungen muss deutlich werden, auf welches Material ich zurückgegriffen habe.
- Ich muss die Argumentationen selbst formulieren und direkt übernommene Textstellen kenntlich machen.
- Ich muss eigene Gedanken einbringen.
- Es ist meine Aufgabe, das beigefügte Material auszuwerten und einzubauen.
- Beim Aufbau der Argumentationen gelten die gleichen Regeln wie bei anderen Erörterungen.
- Ich muss wie gewohnt eine Gliederung anfertigen.

2 a Mögliche Lösung:
Bei dem Thema geht es um **das Lesen.** In der Aussage wird festgestellt, dass **Kinder** und **Jugendliche** sich zu wenig damit beschäftigen.

Seite 27

b zweigliedrige

3 „Profitieren" bedeutet hier: einen Vorteil aus etwas ziehen.

4 Diese Fragen bleiben übrig:
- Warum lesen junge Menschen immer weniger?
- Welchen Gewinn bringt das Bücherlesen?

B Das Material auswerten und eine Stoffsammlung anlegen

1 a Gründe – profitiert
b + c Mögliche Lösung (Teil I, Teil II)
Speedy (14:00): [...] 10 Euro sollen wir auch noch dafür blechen! Ganz schön viel! → teuer → I
Mausi (14:30): Ich schau echt lieber einen Film an. Bücher sind oft sowas von langweilig. → langweilig → I
Sheep (14:32): Aber nur beim Lesen spielt meine eigene Fantasie eine Rolle. Der Film gibt mir ja alles vor. Das finde ich ätzend! → regt die Fantasie an → II
Ronja (14:35): Bloß kein Buch! Meistens versteh ich eh nicht, was da steht. Warum müssen Autoren nur immer so komplizierte Wörter benutzen? → unverständlich, kompliziert → I

Seite 28

2 a Richtige Antworten:
Umfrage – täglich oder mehrmals die Woche – Kindern und Jugendlichen – Internet
b Bücher (gedruckt): 15 % täglich / 20 % mehrmals die Woche
E-Books: 3 % täglich / 6 % mehrmals die Woche
c die Einleitung – Zahlen

3 Mögliche Lösung:
Material 1: Bücher (gedruckt): 15 % täglich / 20 % mehrmals die Woche (Einleitung)
E-Books: 3 % täglich / 6 % mehrmals die Woche (Einleitung oder Schluss)
Material 2: 10 Euro sollen wir auch noch dafür blechen! Ganz schön viel! (Hauptteil, I)
Wir sollten ein Buchreferat [...] will ich auch noch treffen. (Hauptteil, I)
Lesen entspannt doch total. (Hauptteil, II)
Bücher sind oft sowas von langweilig (Hauptteil, I)
Aber nur beim Lesen spielt meine eigene Fantasie eine Rolle. (Hauptteil, II)
Meistens versteh ich eh nicht, was da steht. (Hauptteil, I)
Material 3: für die konstruktive Gestaltung von Gesellschaft
auf Reisen gehen, mehr über unsere Welt und unsere Mitmenschen erfahren oder gar in andere Räume und Zeiten eintauchen – erwerben damit Wissen – beleben unsere Fantasie – Schlüssel für Erfolg im Studium und Beruf (Hauptteil, II)
Material 4: *mit Ausnahme von:* wenn ich nichts zu tun habe, weil ich muss, um mitreden zu können (Hauptteil, II)
Material 5: (Schluss)

Material 6: lesen 34 Prozent der Jugendlichen mindestens mehrmals in der Woche Bücher – Ein leichter Rückgang: [...] 38 Prozent – deutlicher Unterschied zwischen den Geschlechtern: [...] 28 Prozent – Der höchste Anteil [...] (36 Prozent) – Auch der formale Bildungshintergrund beeinflusst laut Studie die Büchernutzung (Einleitung)

Material 7: (Einleitung, Schluss)

4 a–d Mögliche Lösung:

Infos zur Einleitung
- Jugendliche lesen: Bücher (gedruckt): 15 % täglich / 20 % mehrmals die Woche; E-Books: 3 % täglich / 6 % mehrmals die Woche (M 1)
- Rückgang von jugendlichen Buchleserinnen und -lesern von 40 % (2017) auf 34 % (2019) (M 6)

I. Gründe, warum Jugendliche wenig lesen
- zu wenig Zeit (M 2)
- hoher Preis (M 2)
- kann nicht mit Kurzweiligkeit anderer Medien konkurrieren (M 2)
- mangelnde Lesekompetenz (M 2)

II. Gewinn beim Lesen
- Informationsbeschaffung (M 3, M 4)
- Förderung der Fantasiefähigkeit (M 2, M 3, M 4)
- Schlüsselkompetenz für das Arbeitsleben (M 3)
- Entspannung (M 2, M 4)
- Ablenkung bei negativen Emotionen (M 4)
- Spaß (M 4)
- Darstellung von Lebensentwürfen; Orientierungshilfe zur Selbstfindung

Infos für den Schluss
- „Lesen heißt leben lernen“ (M 5)
- durch digitale Technologien Lesen überall möglich (vgl. M 7)
- Umsatzanteil von E-Books seit 2010 von 0,5 auf 7,5 % gestiegen (M 7)

Seite 29

Eine Gliederung erstellen

Seite 30

5 Mögliche Lösung:

(Die Gliederung umfasst mehr als die geforderten Punkte. Du kannst also auswählen, welche vier Aspekte pro Themafrage du erörtern willst.)

A Jugendliche lesen immer weniger.

B Welche Gründe gibt es dafür? Inwiefern kann man vom Lesen profitieren?

I. Gründe für die geringe Nutzung von Büchern durch Jugendliche
1. Konkurrenz zu anderen Medien
2. Wenig verfügbare Zeit
3. Zu hohe Kosten
4. Zu geringe Lesekompetenz
5. Mangelnde Förderung im Kindesalter

II. Profit, den man aus Büchern ziehen kann
1. Gute Entspannungsmöglichkeit
2. Förderung der Fantasie
3. Erweiterung der Ausdrucksfähigkeit
4. Erwerb von Schlüsselkompetenzen
5. Wichtiges Mittel zur Informationsbeschaffung
6. Erweiterung des Horizonts

C Vielleicht kann der Trend durch E-Books gestoppt werden.

Seite 31

C Das Material in die Argumentationen einbauen

1 a „einer Studie aus dem Jahr 2020 [...] (vgl. Material 1)"
„eines in Material 2 abgedruckten Chatverlaufs"
„Ronja beklagt sich im Chat von Material 2"
b Staatsminister Bernd Sibler betont in seinem Vorwort zu einer Broschüre zur Leseförderung (vgl. Material 3), dass die Lesekompetenz wichtig für den Erfolg im Studium und Beruf ist.

2 Auch „Speedy" äußert sich dahingehend im in Material 2 abgedruckten Chat. Sie/Er findet diesen Betrag für ein Buch zu hoch.
Aus der JIM-Umfrage des Medienpädagogischen Forschungsverbunds Südwest aus dem Jahr 2020 (vgl. Material 1) der bayerische Staatsminister Bernd Sibler (vgl. Material 3).

Seite 32

Richtig zitieren

3 1. Zitat: 2 (Auslassungen wurden nicht gekennzeichnet.)
2. Zitat: 1 (Anführungszeichen beim Zitat fehlen.)

Ideen für die Einleitung und den Schluss finden

4 a Mögliche Lösungen:
Aus der Grafik von Material **1** geht hervor, dass Kinder das **Internet, Musik** oder **Videospiele** dem Lesen vorziehen. Einer Umfrage der JIM-Studie nach lesen **Jungen** noch deutlich weniger als **Mädchen** (vgl. Material **6**). Während bei den Gymnasiastinnen und Gymnasiasten noch **40 %** regelmäßig ein Buch lesen, ist es bei **Haupt-** und **Realschülerinnen** und -schülern weniger als ein Drittel.
b Das sind erschreckende Zahlen. Doch warum können sich Jugendliche so wenig für das Lesen begeistern? Und welcher Nutzen lässt sich überhaupt aus der Beschäftigung mit Büchern ziehen?

Seite 33

5 Du greifst Informationen aus dem Material auf und belegst deine Aussagen mit Fakten.
Du blickst in die Zukunft und beschreibst eine mögliche Entwicklung.

D Die Erörterung verfassen und überarbeiten

Immer wieder werden Studien veröffentlicht, die zeigen, dass Kinder und Jugendliche wenig lesen. Aus der Grafik von Material 1, einem Ergebnis einer Untersuchung der JIM-Studie, geht hervor, dass 12- bis 19-Jährige Lesen erst an zehnter Stelle ihrer beliebtesten Freizeitbeschäftigungen nennen. Einer Umfrage der JIM-Studie aus dem Jahr 2019 nach lesen Jungs noch weniger als Mädchen (vgl. Material 6). Während bei den Gymnasiasten noch zwei von fünf regelmäßig ein Buch lesen, ist es bei den anderen Schularten nur noch ca. jeder Dritte. Diese Entwicklung ist besorgniserregend und man muss sich die Frage stellen, warum Kinder und Jugendliche sich so wenig für das Lesen begeistern. Aber welche Vorteile bringt es überhaupt mit sich, wenn man sich Büchern widmet?
Ziemlich eindeutig ist, dass junge Menschen sich viel lieber mit **modernen Medien** beschäftigen. Durch die vielfältigen digitalen Möglichkeiten am Computer, Tablet oder Smartphone fühlen sie sich stärker angesprochen als durch Bücher, die ihnen zum Teil wenig interessant erscheinen. So äußert Mausi in einem Chatroom (s. Material 2), dass sie oder er viel lieber einen Film schaut und Bücher langweilig findet. Auch die Übersicht in Material 1, die aufzeigt, was Jugendliche in ihrer Freizeit machen, zeigt eindeutig, dass etliche Medien dem Buch den Rang abgelaufen haben.
Da die frei verfügbare Zeit begrenzt ist, ist **Zeitmangel** sicher auch einer der Gründe, warum das Lesen zurückstehen muss. Viele Schüler/-innen und Auszubildende haben ohnehin heutzutage einen vollen Terminkalender und sind durch Hobbys auch in der Freizeit verplant. Wer beispielsweise in einem Verein Fußball spielt, hat unter Umständen zweimal die Woche Training. So bleibt bei vielen auch kaum Freiraum, um es sich mit einem Buch gemütlich zu machen, und mangelnde frei verfügbare Zeit ist sicher einer der häufigsten Gründe, warum so wenige junge Menschen lesen.

Oft sind auch **die hohen Kosten für Bücher** ausschlaggebend. Schon ein Taschenbuch schlägt mit ungefähr 10 Euro zu Buche. Wenn man dann nicht die Möglichkeit hat, sich Bücher in der Bibliothek auszuleihen, sondern sie vom Taschengeld erstehen müsste, werden alle diejenigen, die ohnehin nicht gern lesen, erst gar nicht auf die Idee kommen, ihr vielleicht ohnehin knappes Geld in Bücher zu investieren. Im Chat von Material 2 beschwert sich Speedy über die hohen Kosten für eine Lektüre; anstatt Buchgeschenken zieht sie oder er Geld auf jeden Fall vor. Wer sich also grundsätzlich wenig für Bücher interessiert, wird aufgrund der hohen Kosten zusätzlich abgehalten, Lesen zu einer Freizeitbeschäftigung zu machen.
Nicht außer Acht gelassen werden darf, dass Lesen ein aktiver und auch **anstrengender Prozess** ist und man sich dabei gut konzentrieren muss, um den Inhalt aufzunehmen. Viele Kinder und Jugendliche leiden unter Konzentrationsstörungen und wollen sich lieber durch Musik oder Filme berieseln lassen. Aber auch die Lesekompetenz ist zum Teil zu wenig ausgebildet, und wenn man Probleme hat, flüssig und sinnerfassend zu lesen, stellt sich das Interesse an der Lektüre nicht ein. Ronja beklagt im Chat von Material 2 auch, dass Autorinnen und Autoren häufig komplizierte Wörter benutzen. Das zeigt eindeutig, dass sie Verständnisprobleme hat, und dabei ist sie bestimmt kein Einzelfall. Viele greifen deshalb nicht zum Buch, weil sie das Lesen nicht genug üben und es dadurch als zu anstrengend empfinden.
Ob man sich später für Bücher interessiert, wird oft schon im Elternhaus in die Wege geleitet. Viele Eltern lesen ihren Kindern bereits im Kindergartenalter Geschichten vor und sind selbst ein Vorbild beim Lesen. In manchen Familien **wird Lesen auch gefördert,** indem zu Geburtstagen Bücher verschenkt werden und auch ab und zu der Fernseher oder Computer zugunsten eines guten Buches ausgeschaltet wird. In anderen Familien **spielt das Lesen keine Rolle.** Wenn man von klein auf mit Lektüre in Berührung gerät, kommt man als Jugendlicher eher auf die Idee, auch ab und zu zum Buch zu greifen. In sogenannten bildungsfernen Haushalten spielen Bücher eine untergeordnete Rolle. Je höher der Bildungsstand ist, umso eher kommt dieses Hobby auch in Frage. Das bestätigen auch die Zahlen im Material 6, wonach Gymnasiasten mehr lesen als Real- oder Hauptschüler. Eltern können also durch entsprechende Förderung einen Einfluss darauf nehmen, ob ihre Kinder ein Faible für Bücher entwickeln.
Nicht alle sind jedoch der Meinung, dass Bücherlesen keinen Gewinn bringt und für sie als Freizeitbeschäftigung nicht in Frage kommt. Es gibt jede Menge begeisterte Leserinnen und Leser, die auch in vielfacher Hinsicht davon profitieren. *(= Überleitung zwischen Themafrage I und II)*
Diejenigen, die gerne lesen, empfinden diese Tätigkeit als **entspannend.** Im Chatbeitrag von Sheep in Material 2 kommt dies zum Ausdruck. Sie oder er liest gerne nach einem stressigen Tag oder vor dem Schlafengehen. Lesen bringt einen nämlich auf andere Gedanken, weil man sich währenddessen nicht mit etwas anderem beschäftigen kann und muss. Man kann dabei Sorgen oder Probleme ausblenden und Kraft schöpfen, indem man sich vom Alltag erholt.
Dass durch Lesen die **Fantasie gefördert** wird, ist unumstritten. 2018 hat der damalige bayerische Staatsminister für Unterricht und Kultus in einem Vorwort zu einer Broschüre zur Lesekompetenz Astrid Lindgren zitiert (vgl. Mat. 3). Sie war davon überzeugt, dass die Zukunft von denen gestaltet wird, die durch Lesen über Einbildungskraft verfügen. Auch Deutschlehrkräfte können bestätigen, dass Schüler/-innen, die viel lesen, sich viel leichter tun, eine Geschichte zu entwickeln und Handlungsstränge auszubauen. Denn sie haben durch die gelesenen Bücher eine Vielzahl von Erzählideen in ihrem Kopf, die sie dann fantasievoll in Aufsätzen umsetzen können. Und nur wer Fantasie hat, hat die Vorstellungskraft, etwas Neues anzugehen.
Durch das Lesen kann sich auch die eigene Sprachfertigkeit steigern. Während man Geschichten aufnimmt, **erweitert man die eigene Ausdrucksfähigkeit.** Kinder verfügen in der Regel über einen eher kleinen aktiven Wortschatz, können aber durch Bücher den passiven Wortschatz enorm ausbauen und diese neuen Wörter irgendwann in ihren Sprachgebrauch aufnehmen. Wer viel liest, beherrscht eine Vielzahl von Ausdrucksmöglichkeiten und kennt auch Redewendungen, die sie oder er selbst an passender Stelle verwenden kann. Auch das wirkt sich positiv auf Schulnoten nicht nur im Fach Deutsch aus.
Einer der wichtigsten Vorteile des Lesens ist allerdings der **Erwerb von Schlüsselkompetenzen,** die man vor allem im Arbeitsleben braucht. In den meisten Berufen ist es wichtig, aus Texten das Wichtigste herausfiltern zu können. Das lernt man im Laufe der Zeit, wenn man entsprechend viel liest. Gerade in vielen Bürojobs ist es auch von großer Bedeutung, dass man die Rechtschreibung gut beherrscht. Wenn man in einem Buch liest, nimmt man die richtige Schreibweise wahr und prägt sie sich unbewusst ein, weil die meisten Menschen ein visuelles Gedächtnis haben. Selbst wer Lesen nicht als sein Hobby bezeichnet, kann also von dieser Beschäftigung profitieren.
Schule und Bildung sind ohne Lesen ohnehin nicht denkbar. Wer liest, **erwirbt Wissen.** Diesen Vorteil nennt auch Bernd Sibler in seinem schon erwähnten Vorwort (vgl. Mat. 3). Dort nennt er die Lesekompetenz auch den „Schlüssel für Erfolg im Studium und Beruf". Wer sich also Informationen beschaffen will oder muss, ist ohne

Bücher kaum in der Lage dazu. Auch das Internet kann in manchen Bereichen ein Buch, in dem man Notizen und Markierungen anbringen kann, nicht ersetzen. Bücher haben in der Schule und im Studium nach wie vor einen hohen Stellenwert und die Lernenden profitieren, wenn sie sich damit auseinandersetzen.
Ein wichtiger Aspekt ist aber auch, dass Bücher unseren **Horizont** enorm **erweitern,** indem sie uns Einblicke in fremde Welten und Lebensgeschichten liefern. Miriam Pressler, eine bekannte Kinder- und Jugendbuchautorin hat es folgendermaßen ausgedrückt: „Lesen heißt leben lernen“ (s. Material 5). Figuren zeigen bestimmte Verhaltensweisen auf und können als Vorbilder dienen; man kann Neues kennenlernen, ohne zeitlich und/oder örtlich anwesend zu sein. Historische Romane entführen einen beispielsweise ins Mittelalter und Romane aus einer anderen Kultur bringen uns fremde Lebensweisen nahe. Davon profitiert man vermutlich am meisten, weil man durch die Erfahrungen anderer Menschen für das eigene Leben einen Gewinn ziehen kann. Außerdem entwickelt man so ein Verständnis für alternative Lebensentwürfe.
Es gibt also genügend Gründe, warum man lesen sollte. Mit der Erfindung des E-Books könnte der Trend, dass immer mehr Kinder und Jugendliche und vor allem Jungen relativ wenig lesen, zudem umgekehrt werden. Wie in der Grafik von Material 4 dargestellt ist, ist das Interesse an dieser digitalen Form des Buchs stark gestiegen. Vielleicht kann man so auch die technikaffinen Mädchen und Jungen wieder eher dazu bewegen, ein Buch in die Hand zu nehmen.

4 „Pubertät – Baustelle im Großhirn“ – Einen journalistischen Text beschreiben

Seite 35

A Was wird von dir verlangt?

1 durchzustreichende Texte:
- den Inhalt nacherzählen.
- die Merkmale der Textsorte aufzählen.
- einige Auffälligkeiten im Layout beschreiben und ihre Wirkung angeben.
- alle stilistischen Mittel des Textes mit Fachbegriffen auflisten.
- einen eigenen Kommentar zum Thema schreiben.
- einen Brief an den Autor schreiben, in dem du dich zum Thema äußerst.

HINWEIS: „Die Absicht des Autors erklären und am Text belegen“ ist im Rahmen der Textsortenbestimmung nötig.

Seite 36

B Den Inhalt verstehen und zusammenfassen

Das Thema des Artikels erfassen

1 Im Text „Pubertät – Baustelle im Großhirn“ geht es hauptsächlich um die Auswirkungen der Pubertät auf die Jugendlichen und ihre Umwelt.

Unbekannte Wörter und Wendungen klären

2 a Mögliche Lösung:
Manieren (Z. 2), Autorität (Z. 2), Generationen (Z. 12), Denkorgan (Z. 21), Emotionen (Z. 29), Impulsivität (Z. 29 f.), Priorität (Z. 32), depressiv (Z. 45 f.), Risiko (Z. 46 f.), sich vom Zuhause abnabelt (Z. 48 f.)

b Z. 2: = Sie hat ein schlechtes Benehmen.
Z. 19–21: (= im Gehirn)
Z. 28 f.: (= Gefühlen)

c Autorität: Personen, die sie erziehen, wie Lehrer und Eltern
Impulsivität: plötzlichen Gefühlsausbrüchen
Priorität: Vorrang für besonders wichtige Angelegenheiten
abnabelt: sich unabhängig macht

Seite 37

Die Einleitung schreiben

3 a Titel des Texts: „Pubertät – Baustelle im Hirn“
Autor/-in: Eckart von Hirschhausen
Textsorte: Kommentar
Erscheinungsort: Zeitschrift „Stern“ in der Reihe „Hirschhausens Sprechstunde“
Erscheinungsjahr: 2010
Kernaussage: (mögliche Lösung) Die Schwierigkeiten der Pubertät lassen sich auf weitreichende Umstrukturierungen im Hirn zurückführen.

b Mögliche Lösung:
Der Text „Pubertät – Baustelle im Hirn“ ist am 30. Juli 2010 in der Zeitschrift „Stern“ erschienen. In diesem Kommentar beleuchtet der ausgebildete Arzt Eckart von Hirschhausen, welche Auswirkungen die weitreichenden Umstrukturierungen im Hirn auf Jugendliche und ihre Umwelt während der Pubertät haben.

4 a Während im zweiten Absatz von den Erkenntnissen der **Hirnforschung** in Bezug auf die Pubertät die Rede ist, geht der Autor im letzten Satz des Abschnitts schon auf die **praktischen Auswirkungen** dieser Veränderungen im Gehirn ein.

b Abschnitt 1: Z. 1–13 – Abschnitt 2: Z. 14–31 – Abschnitt 3: Z. 32–47 – Abschnitt 4: Z. 48–64 – Abschnitt 5: Z. 65–77

5 Die Jugend (Z. 1); schlechte Manieren (Z. 2); Klage seit vielen Generationen (Z. 12); mit heutigen Forschungsmethoden (Z. 14); Stirnhirn (Z. 19); Verbindungen zwischen den Nervenzellen (Z. 22 f.); verlangsamte Verarbeitung von Emotionen (Z. 29); Impulsivität und Unempfindlichkeit für Glücksgefühle (Z. 29–31); Gegenteil von Priorität (Z. 32); leicht depressive Grundstimmung (Z. 45 f.); Übermut zum Risiko (Z. 46 f.); vom Zuhause abnabelt (Z. 48 f.); erwachsen (Z. 65 f.), freiwillig (Z. 74 f.); das Richtige tut (Z. 76)

Seite 38

6 Absatz 2: Ergebnisse der modernen Hirnforschung
Absatz 3: Auswirkungen und Folgen der Pubertät
Absatz 4: Respektlose Jugend nur ein Vorurteil
Absatz 5: Definition vom Erwachsensein

7 A: Anfangs, Als Einführung in das Thema, Zu Beginn des Artikels
M: Ab Zeile, Anschließend, Als Nächstes erläutert der Autor, Im folgenden Abschnitt, Im zweiten/dritten/nächsten Absatz, Im ... Abschnitt kritisiert, Um die Leser/-innen genauer zu informieren, Zur Veranschaulichung
S: Am Schluss, Das Fazit des Autors, Das Resümee der Überlegungen

8 Mögliche Lösung:

Der Kommentar „Pubertät — Baustelle im Großhirn" gliedert sich in fünf Sinnabschnitte. Im ersten Absatz bis Zeile 13 zitiert der Autor den Philosophen Sokrates, der schon vor 2500 Jahren über das schlechte Betragen der Jugend klagte. Da sich diese Wahrnehmung bis heute kaum verändert habe, will Eckart von Hirschhausen in seinem Artikel der Frage nachgehen, warum dies so ist. Im zweiten Abschnitt von Zeile 14 bis 31 benennt er die medizinischen Ursachen für das spezielle Verhalten von Jugendlichen in der Pubertät, namentlich die Neuverknüpfung von Nervenzellen im Großhirn. Anschließend geht von Hirschhausen von Zeile 32 bis 47 auf die Auswirkungen dieses Umbauprozesses auf das Verhalten ein. Er nennt zunächst negative Folgen wie z. B. das Desinteresse vieler Jugendlicher an der Schule, ihre geringe Begeisterungsfähigkeit für die Natur oder die ablehnende Haltung gegenüber rationalen Argumenten, z. B. was die Risiken des Rauchens betrifft. Im folgenden Abschnitt (Z. 48–67) nennt von Hirschhausen ein Negativbeispiel pubertierender Jugendlicher, zweifelt jedoch an, dass die Pubertät tatsächlich derartig schlimme zwischenmenschliche Auswirkungen hat. Am Schluss (Z. 65–77) versucht der Autor, eine Definition für das Erwachsensein zu entwickeln. Er schlägt mit einem Augenzwinkern vor, dass als erwachsen gelten soll, wer freiwillig früh ins Bett geht und das Richtige tut, auch wenn es die Eltern angemahnt haben.

Seite 39

C Die Textsorte belegen

Merkmale benennen und zusammenfassen

1 a + b Mögliche Lösung:
Sprache: ironischer Sprachstil, Textbeleg: „Pickel ausdrücken wichtiger als Vokabeln rein-“ (Z. 34 f.)
Einbau von Fragen, Textbeleg: „Woher kommt das?“ (Z. 13)
Inhalt: eigene Meinung des Autors wird deutlich, Textbeleg: „So inkompetent kann diese Phase doch gar nicht sein“ (Z. 52 f.)
Gestaltung: siehe Lösung zu 2 b

2 a regelmäßig erscheinender, wertender Text – in Zeitungen oder Zeitschriften – häufig ist ein Foto der Autorin / des Autors – gibt die Meinung einer (oft bekannten) Person wieder
b Textsorte:
→ Kolumne
Gestaltung:
Hervorhebung des Textes
→ durch schattierten Hintergrund
regelmäßig erscheinende Kolumne
→ eigener Titel „Hirschhausens Sprechstunde“

Seite 40

3 a In der Textsorte Kommentar nimmt der Autor Stellung zu einem aktuellen Thema. Das macht auch Eckart von Hirschhausen in seinem Text „Pubertät – Baustelle im Großhirn“, und er benennt die Thematik gleich zu Beginn. Mit einem Zitat des griechischen Philosophen Sokrates beweist er, dass das Verständnis der Generationen füreinander schon vor 2500 Jahren problematisch war und dieser Konflikt bis heute nichts an Aktualität verloren hat.
b Mögliche Lösung:
Typisch für den Kommentar ist außerdem, dass der/die Verfasser/-in des Textes am Schluss ein Fazit aus seinen/ihren Überlegungen zieht. Im vorliegenden Fall kommt der Autor zu dem Schluss, dass das Bild der verantwortungslosen Jugend größtenteils nur ein Vorurteil ist (vgl. Z. 50–64). Außerdem beruhigt er noch, indem er bestätigt, dass Jugendliche auf dem Weg zum Erwachsenwerden sind und sich dies auch in bestimmten Verhaltensweisen zeigt (Z. 65–77).
c Mögliche Lösung:
- Das Schlimmste, was man der Jugend vorwerfen kann, ist doch, dass man selbst nicht mehr dazugehört.
- So inkompetent kann diese Phase doch gar nicht sein, wenn mit der Geschlechtsreife über Tausende von Jahren auch die Kinder kamen.
- Erwachsen ist, wer freiwillig auch mal früh ins Bett geht. Und wer das Richtige tut – selbst wenn es die Eltern empfohlen haben.

Textsortennachweis: Charakteristisch für einen Kommentar ist auch, dass er subjektiv verfasst ist, das heißt, dass der/die Autor/-in eindeutig seine/ihre Meinung zu einem Thema formuliert. Eckart von Hirschhausen macht in seinem Text zum Beispiel deutlich, dass viele Erwachsene, die sich über die Jugend ärgern, einfach nur neidisch sind, indem er sagt: „Das Schlimmste, was man der Jugend vorwerfen kann, ist doch, dass man selbst nicht mehr dazugehört“ (Z. 50–52).

4 a informieren, unterhalten, beruhigen
b Mögliche Lösung:
Eckart von Hirschhausen will die Leser/-innen in seinem Kommentar darüber informieren, welche **Ursachen das Verhalten Jugendlicher in der Pubertät hat.** Typisch für diese Textsorte ist außerdem, dass der Autor vor allem **Eltern** mit seiner **Kolumne unterhalten** will, indem er **humoristisch** über diese teils schwierige Zeit schreibt. Er will aber auch Eltern beruhigen, indem er die Jugend von heute durchaus auch positiv darstellt und darauf hinweist, dass die Pubertät eine Phase auf dem Weg zum Erwachsenwerden ist, die irgendwann überstanden ist.

D Die Sprache des Textes analysieren

Seite 41

1 Mögliche Lösung (Humor, Fachkompetenz):
Alliteration: „Knutschen [...] Klavier üben“ (Z. 35 f.); „Pubertät ist das Gegenteil von Priorität“ (Z. 32); „Schulfete ist wichtiger als Schulabschluss“ (Z. 33 f.)
Fremdwörter: „Autorität“ (Z. 2); „schwadronieren“ (Z. 6 f.); „tyrannisieren“ (Z. 9); „Impulsivität“ (Z. 29 f.); „inkompetent“ (Z. 52 f.)
Aufzählung: „Bemerkbar macht sich das in verlangsamter Verarbeitung von Emotionen, Impulsivität und Unempfindlichkeit für Glücksgefühle.“ (Z. 28–31); „Sie hat schlechte Manieren, [...] und schwatzt, wo sie arbeiten sollte" (Z. 1–4); „Mit eigenen Kindern, eigenem Geld, anderen Wänden und anderem Nabel“ (Z. 66–69)
Wortspiel: „Pickel ausdrücken wichtiger als Vokabeln rein-“ (Z. 34 f.); „Just in der Phase, in der man sich von Zuhause abnabelt, hält man sich für den Nabel der Welt“ (Z. 48 f.)
Fragesätze: „Aber wer hat das Problem?“ (Z. 50); „Wann ist man erwachsen?“ (Z. 65 f.); „Woher kommt das?“ (Z. 13)
direkte Rede + Ellipse: „Langweilig!“ (Z. 43)
Fachbegriffe: „Stirnhirn“ (Z. 19)
Doppelpunkte: „Mein Vorschlag: Erwachsen ist ...“ (Z. 74 f.)
komplexe Satzgefüge: „Das Schlimmste, was man der Jugend vorwerfen kann, ist doch, dass man selbst nicht mehr dazugehört.“ (Z. 50–52)

2 a Sie wirkt wie eine Durchsage an einem Bahnhof, also recht formell und nüchtern.
b Diese Aussage wirkt wie eine Durchsage an einem Bahnhof, also recht formell und nüchtern.

3 Durchzustreichen sind: diese Metapher, macht er sich über die Jugendlichen lustig.

Seite 42

E Den Schluss schreiben

Begründet Stellung nehmen

1 Mögliche Lösung:
mangelndes Selbstbewusstsein, starke körperliche Veränderungen, starke Stimmungsschwankungen, dringendes Bedürfnis nach Dazugehörigkeit, ständiges Auseinandersetzen mit Regeln und Grenzen, teils Beginn eines neuen Berufs- oder Bildungswegs; familiäre Probleme

2 a Mögliche Lösung:

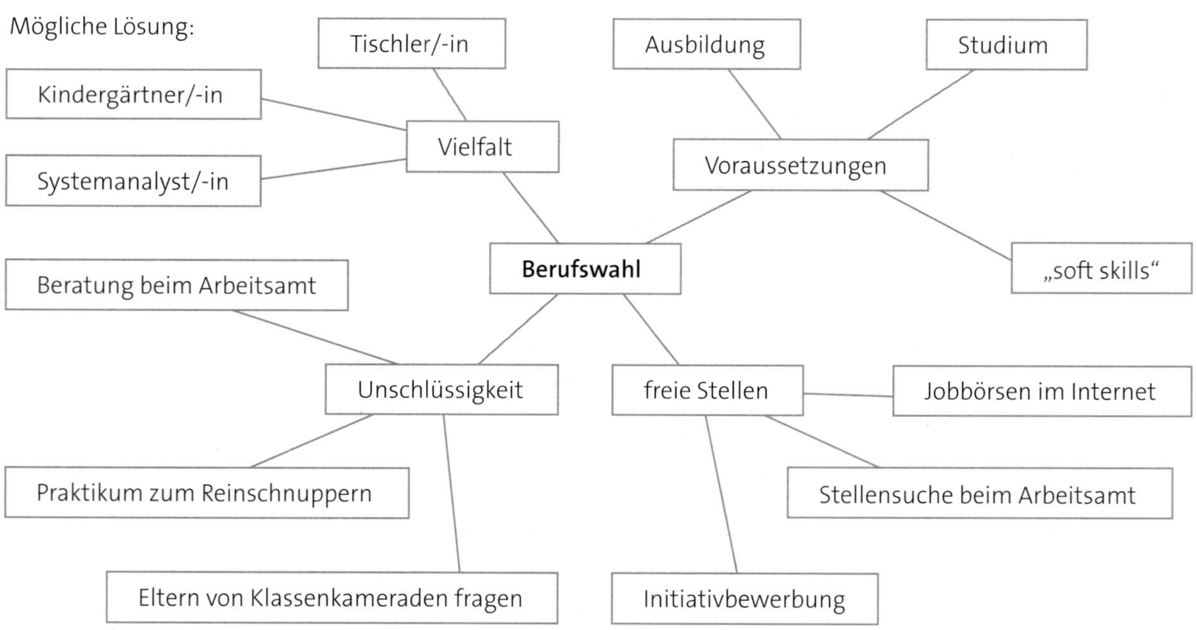

b Berufswahl – Beruf – ausüben – Vielfalt/Auswahl – Noten – eine Stelle – einfach/selbstverständlich

c Mögliche Lösungen:
Die Pubertät ist eine besondere Zeit im Leben. Dass Jugendliche es heutzutage nicht leicht haben, wird niemand bestreiten.
Zum einen beschäftigt Jugendliche, sobald sie sich von der Familie lösen, die Frage der sozialen Zugehörigkeit. Naturgemäß wollen sie sich von den Eltern abgrenzen. Dazu gehört es, sich in einer Gruppe zu integrieren. Während man sich im familiären Umfeld sicher sein kann, dass man akzeptiert und geliebt wird, ist das in einer Clique nicht automatisch gegeben. Dort muss man seine Rolle erst finden und das ist mit viel Unsicherheit oder sogar mit Ängsten verbunden. Oft schließen sich Teenager dann einer Gruppe an, deren Mitglieder sie bewundern. Dabei passen sich viele stark an, was der Entwicklung eines gesunden Selbstbewusstseins nicht zuträglich ist. Gerade im Hinblick auf die sozialen Medien ist aber auch der Druck auf junge Menschen heutzutage deutlich stärker, weil viele permanent das Gefühl haben, sich präsentieren zu müssen.
Aber auch in der Familie ergeben sich für Heranwachsende schwierige Situationen. In der Phase, in der sie ihre eigenen Wege finden wollen, müssen sie oft mit Konflikten umgehen, die ihnen ein unbeschwertes Aufwachsen erschweren, wie etwa Streit oder die Trennung der Eltern. So entsteht bei einigen das Gefühl, niemand würde sich um sie kümmern. Auf der einen Seite möchten die Jugendlichen selbstständig sein, aber auf der anderen Seite brauchen sie noch die Fürsorge der Eltern. Wenn diese mit eigenen Problemen beschäftigt sind, sucht der Nachwuchs woanders Halt, was nicht immer gut ist.

Seite 43

F Kreativer Schreibauftrag: Eine Schilderung verfassen

1 Präsens/Präteritum, Ausrufe, Umgangssprache, Vergleiche, Sinneswahrnehmungen, Metaphern, Ich-Perspektive, Personifikation, aussagekräftige Verben und Adjektive, Ellipsen, innerer Monolog

2 Mögliche Lösung:
Schweißgeruch, heiße Sonne, Regen, schwerer Rucksack, Anstrengung, grüßende Fremde, Langeweile, kein Netz, Hunger/Durst, lauter Atem, schmerzende Füße, schmerzende Schultern, Fliegen

3 Mögliche Textbeschreibung:

Der Text „Baustelle im Großhirn" ist am 30. Juli 2010 in der Zeitschrift „Stern" erschienen. Der Autor Eckart von Hirschhausen, der ausgebildeter Arzt ist, geht in seinem Kommentar auf die Auswirkungen der Pubertät auf Jugendliche und ihre Umwelt ein.	vollständige Angaben gemacht + Kernaussage
Der Text beginnt mit einem Zitat, das von dem griechischen Philosophen Sokrates stammt. Darin beschwert er sich über das schlechte Benehmen der jungen Leute.	Struktur berücksichtigt
Eckart von Hirschhausen stellt fest, dass sich offensichtlich die letzten 2500 Jahre an der Art der Klagen nichts geändert hat, und fragt sich, woher das kommt.	eigener Wortlaut
Im zweiten Abschnitt von Zeile 14 bis 31 erklärt er dann, was sich im Gehirn eines Jugendlichen während der Pubertät abspielt. Dort sind nämlich während dieser Phase schwerwiegende Umstrukturierungen in Gang, die einen Einfluss auf die Gefühlswelt der jungen Leute haben. Ab Zeile 32 veranschaulicht der Autor, wie sich diese Veränderungen im Gehirn auf das Denken der Jugendlichen auswirken. Ihnen sind in dieser Zeit andere Dinge wichtiger als die, mit denen sie sich aus Vernunftgründen beschäftigen sollten. Außerdem wehren sie sich gegen logische Erklärungen. Aktivitäten wie Wandern machen ihnen keinen Spaß, weil eine schöne Umgebung für sie kein Auslöser für ein Glücksgefühl ist. So wirken sie auch oft bedrückt oder suchen die Gefahr. Im vorletzten Abschnitt kommt Eckart von Hirschhausen wieder auf den Ausgangspunkt zu sprechen, nämlich die Probleme zwischen den Generationen. Für ihn ist der hauptsächliche Grund für Vorwürfe an die Jugend der, dass man selber als Erwachsener nicht mehr dazugehört, denn die Geschichte hat bewiesen, dass die Menschheit trotz für die ältere Generation unverständlichen Verhaltens nicht ausgestorben ist. Er zieht daraus den Schluss, dass sich junge Menschen offensichtlich doch nicht so dumm benehmen.	deutlich gekürzt

Am Schluss seiner Ausführungen macht er sich Gedanken, woran man Erwachsensein erkennt. Die üblichen Kriterien wie eigene Kinder gelten nicht mehr, weil sich heutzutage die Menschen immer später fortpflanzen. Deshalb stellt er einen Vorschlag auf, dass derjenige als erwachsen gelten soll, der von sich aus früh schlafen geht und nicht mehr aus Trotz gegen den Ratschlag der Eltern handelt.

Der Artikel „Pubertät — Baustelle im Großhirn" ist eindeutig als Kommentar erkennbar. Eckart von Hirschhausen hat für seinen Text ein Thema ausgewählt, das immer aktuell ist. Dazu äußert er sich selber im ersten Absatz. Schon seit Jahrtausenden beschweren sich die Älteren über Kinder und deren pubertäres Verhalten.
In seiner Kolumne erläutert er der Leserschaft auch medizinische Hintergründe, die dazu dienen, für Verständnis zu werben. Denn im Laufe seines Textes wird klar, dass er der Meinung ist, Jugendliche seien nicht so schlimm, wie sie oft dargestellt werden. Oft werden in Kommentaren, die nicht zu den objektiven Textsorten zählen, genau die Informationen eingebaut, die der Autor braucht, um seine Haltung zu unterstützen. Das kann man auch hier beobachten. So kann er durch diese Fakten relativ unauffällig die Leserschaft beeinflussen.
Auch die Sprache des Textes ist typisch für einen Kommentar, weil viele doppeldeutige Wortspielereien und Redewendungen verwendet werden. So z. B. in den Zeilen 48 f.: „Just in der Phase, in der man sich von zu Hause abnabelt, hält man sich für den Nabel der Welt." In einem sachlichen Text wie einem Bericht wäre das nicht zulässig. Hier aber vermittelt es einen unterhaltsamen, leicht ironischen Ton.
Dass es sich bei dem Text um eine subjektive Textsorte handelt, kann man aber auch schon daran erkennen, dass der Autor in Erscheinung tritt. Im Vorspann kann jeder lesen, dass Eckart von Hirschhausen hier seine Meinung kundtut. Das ist typisch für eine Kolumne, die Sonderform des Kommentars, die regelmäßig in einer Zeitung oder Zeitschrift erscheint und meist von derselben Autorin / vom selben Autor geschrieben wird.
Im gesamten Text zeigen sich immer wieder Hinweise dafür, dass Eckart von Hirschhausen uns hier an seiner persönlichen Meinung teilhaben lässt. Es wirkt wegen der eingebauten Fragen sogar so, als ob er im Moment des Schreibens über das Problem nachdenken würde, z. B. in der Zeile 13 („Woher kommt das?").
Der Abschluss des Kommentars geht noch über den Hauptinhalt des Textes hinaus und enthält einen Vorschlag des Autors, über den die Leserschaft sich Gedanken machen kann. Auch das entspricht den Kennzeichen dieser Textsorte.

typische Merkmale

Textbezug hergestellt
die wichtigsten Merkmale zuerst
Wiederholungen vermieden

Dass Eckart von Hirschhausen sich auf humorvolle Weise mit dem Thema Pubertät auseinandersetzt, kann man an etlichen sprachlichen Mitteln erkennen.

a+b berücksichtigt

Durch die Verwendung jugendsprachlicher Begriffe, wie „geil" in Zeile 34 zeigt der Autor, dass er sich mit den Jugendlichen beschäftigt hat und die ganze Sache nicht so ernst sieht. Wenn er umgangssprachliche Ausdrücke verwendet, z. B. „doof" in Zeile 56, nimmt er dem Thema die Ernsthaftigkeit. Neben Verständnis für die Situation der Teenager kann er so bei Erwachsenen sicher auch ein Schmunzeln über die Verhaltensweisen erreichen. Auch der Ausruf „Langweilig!" (Z. 43) in Zusammenhang mit der ungeliebten Wanderung wird so manche Eltern an eine ähnliche Situation erinnern und sie im Nachhinein amüsieren. Auch Wortspiele wie in Zeile 48 f. „Just in der Phase, in der man sich vom Zuhause abnabelt, hält man sich für den Nabel der Welt", bei denen die Begriffe „abnabeln" und „sich für den Nabel der Welt halten" nichts miteinander zu tun haben, bringen auf witzige Weise zum Ausdruck, in welchem Dilemma sich die jungen Leute befinden. Einerseits wollen sie unabhängig sein, andererseits aber sind sie sehr ich-zentriert. In seiner Aufzählung ab Zeile 32 verwendet der Verfasser wiederholt die Alliteration. So kombiniert er „Pubertät und Priorität" und „Knutschen und Klavier üben". Dass die Begriffe, die immer mit dem gleichen Buchstaben anfangen, zusätzlich sehr gegensätzlich sind, zeigt auf unterhaltsame Art und Weise, welchem Wechselbad der Gefühle die Jugendlichen ausgesetzt sind. In Zeile 25 f. hat der Autor eine direkte Rede eingebaut. Das Gesicht des betroffenen Jugendlichen zeige kaum Regungen und scheine auszudrücken: „Achtung Großbaustelle im Gehirn. Wir bitten Verspätungen und Unannehmlichkeiten zu entschuldigen." Diese Aussage wirkt wie eine Durchsage am Bahnhof und verdeutlicht den Lesenden, dass Jugendliche ihren Zustand gar nicht wahrnehmen und die Veränderungen im Gehirn nicht aktiv steuern können. Diese „Umbauaktion", wie er die Veränderungsprozesse im Gehirn in Zeile 19 f. nennt, wird wie auf einer Baustelle dargestellt. Durch diesen Vergleich kann er gut veranschaulichen, was im Kopf vor sich geht. Da viele Aussagen Hirschhausens mit Ironie gewürzt sind, nimmt er dem eigentlich problematischen Thema seine Brisanz und schafft es so, die Leserschaft durch seinen Schreibstil zu amüsieren.

Aber man muss auch feststellen, dass der Autor sich als ausgebildeter Arzt mit dem Thema auskennt. Was er über den Umbauprozess im Gehirn Jugendlicher schreibt, ist wissenschaftlich fundiert und er benutzt dafür auch Fachbegriffe wie „Stirnhirn" (Z. 19) oder schon in der Überschrift spricht er vom „Großhirn". Auch eine Reihe von Fremdwörtern (z. B. „Priorität", Z. 32 oder „inkompetent" Z. 52 f.) zeigt den gehobenen Sprachstil. Trotz der teilweise ironischen oder witzigen Passagen erkennt man die Fachkompetenz des Verfassers. Das zeigt sich auch in den teilweise komplexen Satzgefügen, die er verwendet, um Zusammenhänge zu erklären, weil Fachwissen logisch dargestellt werden muss.

Fachbegriffe für sprachliche Mittel verwendet / Beispiele aus dem Text ergänzt / auf Wirkung eingegangen

Die Pubertät ist eine besondere Zeit im Leben. Dass Jugendliche es heutzutage nicht leicht haben, wird niemand bestreiten.
Zum einen beschäftigt Jugendliche, sobald sie sich von der Familie lösen, die Frage der sozialen Zugehörigkeit. Naturgemäß wollen sie sich von den Eltern abgrenzen. Dazu gehört es, sich in einer Gruppe zu integrieren. Während man sich im familiären Umfeld sicher sein kann, dass man akzeptiert und geliebt wird, ist das in einer Clique nicht automatisch gegeben. Dort muss man seine Rolle erst finden und das ist mit viel Unsicherheit oder sogar mit Ängsten verbunden. Oft schließen sich Teenager dann einer Gruppe an, deren Mitglieder sie bewundern. Dabei passen sich viele stark an, was der Entwicklung eines gesunden Selbstbewusstseins nicht zuträglich ist. Gerade im Hinblick auf die sozialen Medien ist aber auch der Druck auf junge Menschen heutzutage deutlich stärker, weil viele permanent das Gefühl haben, sich präsentieren zu müssen. Aber auch in der Familie ergeben sich für Heranwachsende schwierige Situationen. In der Phase, in der sie ihre eigenen Wege finden wollen, müssen sie oft mit Konflikten umgehen, die ihnen ein unbeschwertes Aufwachsen erschweren, wie etwa Streit oder die Trennung der Eltern. So entsteht bei einigen das Gefühl, niemand würde sich um sie kümmern. Auf der einen Seite möchten die Jugendlichen selbstständig sein, aber auf der anderen Seite brauchen sie noch die Fürsorge der Eltern. Wenn diese mit eigenen Problemen beschäftigt sind, sucht der Nachwuchs woanders Halt, was nicht immer gut ist.

Lösungsvorschlag für die begründete Stellungnahme (= 4)

Schon nach der letzten Bergtour habe ich ihnen geschworen, dass ich nie mehr mitgehe. Warum habe ich mich nur wieder überreden lassen? Wie mich das nervt! Papa will mir andauernd irgendwelche Berge zeigen und schwärmt permanent von der tollen Landschaft. Interessiert mich wirklich null! Eigentlich möchte ich jetzt am liebsten eine Portion Pommes. Mein Magen knurrt nämlich erbärmlich. Aber hier ist ja weit und breit kein Restaurant in Sicht. Dafür packt Mama jetzt ihre Wurstsemmeln aus. Na ja, besser als nichts sind sie ja. Ich schnappe mir einen großen Bissen. Was habe ich für einen Durst! Aber kein Wunder, wir latschen ja jetzt schon eine gefühlte Ewigkeit in der Landschaft rum. Gurgelnd läuft das Spezi in meine Kehle. Leider ist es schon ein wenig warm geworden. Mir im Übrigen auch. Mir läuft der Schweiß in Strömen den Rücken hinunter! Wahrscheinlich bekomme ich heute auch noch einen Sonnenbrand. Mein Kopf glüht schon und am Abend werde ich rot wie eine Tomate sein. Dummerweise drücken auch meine neuen Turnschuhe. Das gibt mit Sicherheit Blasen! Oh nein! Jetzt bin ich auch noch in einen dieser überall lauernden Kuhfladen gestiegen. Die Schuhe

Lösungsvorschlag für die Schilderung (= 5)

sind im Eimer! Während meine kleine Schwester die weidenden Kühe so süß findet, finde ich sie zum Kotzen! Die stehen doch nur im Weg. Der Pfad schlängelt sich den Berg hinauf, aber man kann kein Ende sehen. Das wird ja noch lustig! Im Süden macht sich schon ein Unwetter breit. Wenn es jetzt auch noch regnet, dann ist mir die Laune endgültig verdorben.

Das Thema „Pubertät“ ist ein eigentlich zeitloses, aber doch auch immer aktuelles Thema, weil es immer Heranwachsende gibt, die diese Phase gerade durchleben. Eckart von Hirschhausen hat mit seinem Text gezeigt, dass er Verständnis für uns Jugendliche hat und es auch ein wenig bedauert, nicht mehr dazuzugehören.

knappe Abrundung

keine Wiederholung von bereits Gesagtem

5 „Schönhauser Allee im Regen“ – Einen literarischen Text beschreiben

Seite 45

A Die Aufgabe verstehen

1 a + b 1 den Text zusammenfassen
2 Wirkung der wörtlichen Reden in Teil II erläutern
3 eindeutige Merkmale der Textsorte beschreiben und am Text belegen
4 Gründe für die Erziehung zur Selbstständigkeit von Kindern erläutern
5 einen neuen Schluss für die Geschichte schreiben

Seite 46

2 Af – Bd – Cb – De – Ea – Fc

B Den Inhalt der Geschichte erschließen

Den Inhalt des Textes verstehen

1
a Der Erzähler ist ein Vater, der mit seiner Tochter spazieren geht.
b Die Szene spielt in der Schönhauser Allee in Berlin nach einem starken Regenfall.
c Die Hauptfigur ist ein vietnamesisches Mädchen.
d Es steht regungslos in einer tiefen Pfütze und reagiert nicht auf Fragen. Schließlich springt sie nach vorn, bespritzt die Passanten und läuft lachend davon.
e In der Geschichte tauchen neben dem Mädchen sowie dem Erzähler und seiner Tochter eine alte Frau, ein Ehepaar und eine Touristengruppe auf. Sie rätseln über das merkwürdige Verhalten des Mädchens.
f Der Vater und seine Tochter kennen das Mädchen, da es im selben Haus wohnt und ihre Eltern dort einen Lebensmittelladen betreiben.

Seite 47

Die Einleitung schreiben

2
a Autor: Wladimir Kaminer
Überschrift: Schönhauser Allee im Regen
Quelle: Wladimir Kaminer, Schönhauser Allee. Goldmann Verlag, München 2001
Textsorte: Kurzgeschichte
Thematik (Kernaussage): (mögliche Lösung) Wir denken häufig in Vorurteilen.
b Mögliche Lösung: Die Kurzgeschichte „Schönhauser Allee im Regen“, die 2001 in dem Band „Schönhauser Allee“ veröffentlicht wurde, hat Wladimir Kaminer verfasst. Der Autor russischer Herkunft lebt in Berlin und schreibt in deutscher Sprache. In der Geschichte beobachten ein Erzähler und seine Tochter das Verhalten eines vietnamesischen Mädchens, das sich nach starkem Regen in der Straße einen Spaß erlaubt.

Den Inhalt zusammenfassen

3 a + b Mögliche Lösung:

1 Der Erzähler geht mit seiner Tochter an **einem Regentag** in der Schönhauser Allee in Berlin **spazieren.**
2 Die beiden **reden** über allerlei.
3 Sie sehen ein **vietnamesisches** Mädchen, das **in einer Pfütze steht.**
4 Verschiedene **Menschen** bleiben stehen und sprechen das Mädchen besorgt an.
c 5 Das Mädchen reagiert nicht und die Passanten überlegen, was sie unternehmen sollen.
6 Das Mädchen springt nach vorn und bespritzt die Umstehenden mit Pfützenwasser.
7 Das Mädchen lacht und läuft davon.

Seite 48

Den Hauptteil verfassen

4 a Das Geschäftsleben wird vom Unwetter in Schwung gebracht. (keine eigene Wortwahl, unwichtig)
Sie beobachten, wie die Menschen Regenschirme kaufen. Nicole sieht eine Frau mit Bart, aber es ist ein Araber. (unwichtig)
„Wo wohnst du? Hast du ein Zuhause?“ (keine wörtliche Rede)
Touristen, die plattdeutsch sprechen (unwichtig)
Information, was die Passanten planen bzw. besprechen (fehlt)
Als sie aus der Pfütze springt, werden alle Umstehenden nass. (unvollständig)

b Der Erzähler geht mit seiner Tochter in der Schönhauser Allee in Berlin im Regen spazieren. Als der Niederschlag aufhört, sehen die beiden ein vietnamesisches Mädchen, das regungslos in einer tiefen Pfütze steht. Eine alte Frau, ein Ehepaar und einige Touristen sprechen das Mädchen besorgt an, erhalten aber keine Antwort. Während sie beratschlagen, ob sie die Polizei informieren sollen, springt das Mädchen nach vorn und bespritzt alle mit dem Pfützenwasser. Dann lacht es und läuft davon. Der Erzähler erklärt, dass er das Mädchen kennt und sie diesen Streich schon häufig gespielt hat.

C Die Sprache gemäß der Aufgabenstellung untersuchen

1 a „Armes Mädchen! Du hast ja ganz nasse Füße“ (Z. 34 f.)
„Warum gehst du nicht nach Hause und ziehst dir neue warme Socken an?“ (Z. 36 f.)
„Hast du überhaupt andre Socken?“ (Z. 39)
„Wo wohnst du? Hast du ein Zuhause?“ (Z. 40 f.)
„Verstehst du eigentlich unsere Sprache?“ (Z. 45)
„Aber warum steht sie in einer so tiefen Pfütze?“ (Z. 54)
„Was machen wir jetzt?“ (Z. 60)

b Mögliche Lösung:
Tipp: warme Socken anziehen
Fragen der alten Dame: ob das Mädchen ein Zuhause hat und Deutsch spricht
Frage des Mannes: warum sie in einer tiefen Pfütze steht
Verdacht, Vermutung: Mädchen hat sich verlaufen
Psychologische Erklärung: Mädchen benötigt Hilfe
Handlung: Beschluss, die Polizei zu informieren

c passende Antworten:
Passanten schaukeln sich gegenseitig hoch
Verdacht wird als Tatsache dargestellt
wörtliche Reden entwickeln eine Dynamik
geben die Gedanken der Passanten wieder
Geschehen wird ohne Anhaltspunkte dramatisiert

d Die Vielzahl der gestellten Fragen wirkt besonders im Gegensatz zum Schweigen des Mädchens überwältigend und aufdringlich (vgl. Z. 34–45, 54, 60). Sie zeigen, dass die Passanten nur in Klischees denken können (ausländische Kinder sind arm und leben auf der Straße) und sich nicht vorstellen können, dass das Mädchen keine Hilfe braucht. Das an sich einfache Geschehen wird durch das Gespräch der Umstehenden dramatisiert, obwohl es dafür keine Anhaltspunkte gibt. Die wörtliche Rede gibt zudem der Kurzgeschichte eine starke Dynamik und zeigt unmittelbar, wie sich die Umstehenden gegenseitig aufschaukeln.

Seite 49

D Die Textsorte belegen

1 a Durchzustreichende Texte sind: Bericht, Kommentar, Reportage.
b Kurzgeschichte
c Sie stellt ein einzelnes Geschehen in den Mittelpunkt. (Z. 13 f.)
Es handeln Alltagsmenschen. (Z. 30, 34, 42, 50, 55)
Am Ende folgt bisweilen ein unerwartetes Ereignis oder eine Wende. (Z. 67–74)
Satzbau und Wortschatz sind einfach, Verben und Adjektive ausdrucksstark. (Z. 8–11)

E Begründet Stellung nehmen

1 a Schule / Freizeit / Haushalt / Einkaufen / im Straßenverkehr / beim Basteln / beim Sport
b Behauptung: „Selbstständigkeit ist spätestens dann gefragt, wenn ein Kind in die Schule kommt."
Begründung: Von „Aufgrund der Schülerzahlen ..." bis „nur für das Lernen da."
Beispiel: „Man muss dann [...] Umkleide vor dem Sportunterricht"
Folgende Ausdrucksfehler musstest du korrigieren:
auf → in – alle → jeden – findet → zurechtfindet – tun → erledigen – bestimmt → möglich – bei → beim – sportliches → ausgezeichnetes

Seite 50

F Kreative Schreibaufgabe: Einen anderen Ausgang zur Geschichte schreiben

1 a Die umstehenden Leute beschließen, die Polizei zu benachrichtigen.
b Mädchen gibt vor, arm und obdachlos zu sein; Passanten wollen ihm Geld geben; Bruder entlarvt sie, Mädchen rennt davon
c – Die **Erzähl**perspektive übernehmen.
– Den **sprachlichen** Stil beibehalten.
– Eine **eigene** Idee einbringen.
– Die **Erzählzeit** beachten.
– Ein sinnvolles **Ende** überlegen.
– **Wörtliche** Rede einbauen.

2

Die **Erzähl**perspektive übernehmen.	A
Den **sprachlichen** Stil beibehalten.	A
Eine **eigene** Idee einbringen.	A
Die **Erzählzeit** beachten.	A
Ein sinnvolles **Ende** überlegen.	A
Wörtliche Rede einbauen.	A

Seite 51

G Den Schluss der Textbeschreibung verfassen

1 A: Schluss rundet nicht ab; Wortwahl ist zu einfach; Aussagen werden nicht begründet
B: 1. Satz passt eher zu einer Einleitung; Begründung müsste ausführlicher sein
Ich finde die Erzählidee von Wladimir Kaminer sehr einfallsreich. Obwohl gar nicht viel passiert, kann man sich das Geschehen gut vorstellen und muss darüber schmunzeln, wie das kleine Mädchen die Passanten hereinlegt. Interessant ist dabei auch, dass alle Herumstehenden nach Erklärungen suchen, die Vietnamesin aber nur ihren Spaß haben will. Man kann sich so gut vorstellen, wie ein an sich belangloses Ereignis aufgebauscht wird, wenn nicht mehr auf die Fakten geachtet wird, sondern jeder in seinen eigenen Vorstellungen und Vorurteilen gefangen bleibt.

H Den Text verfassen und überarbeiten

1 a + b

Die Kurzgeschichte „Schönhauser Allee im Regen" wurde von Wladimir Kaminer verfasst und 2001 in dem Band „Schönhauser Allee" veröffentlicht. Der Autor ist russischer Herkunft und lebt in Berlin. In der Geschichte beobachten ein Erzähler und seine Tochter das Verhalten eines vietnamesischen Mädchens, das sich nach einem Regenschauer in der Schönhauser Allee einen Spaß mit Passanten erlaubt.
Der Erzähler und seine Tochter beobachten beim Spaziergang im Regen, wie sich die Menschen auf der Straße verhalten. Als der Regen aufhört, sehen sie ein vietnamesisches Mädchen reglos in einer tiefen Pfütze stehen. Verschiedene Leute sorgen sich um sie, etwa eine alte Frau und ein jüngeres Paar. Das Mädchen reagiert aber nicht. Auch Touristen aus einem Bus scharen sich um die Szene und man beschließt, die Polizei zu holen. Da springt das Kind mit einem Mal aus der Pfütze, bespritzt dabei die Leute und lacht sie aus. Der Erzähler und seine Tochter aber kennen das Mädchen und sein Spiel, denn seine Eltern haben im gleichen Haus einen Gemüseladen.
Ab Zeile 30 geht es in der Kurzgeschichte um ein vietnamesisches Mädchen, das mit beiden Beinen in einer tiefen Pfütze steht. Da sonst alle in Bewegung sind, fällt das Kind Passanten auf und sie bleiben stehen und versuchen mit Hilfe von Fragen, Kontakt zu dem Mädchen aufzunehmen. Weil das Mädchen nicht antwortet, schließt sich eine Frage an die andere, und man merkt, dass z. B. die erste Frau, die stehengeblieben ist, sich Sorgen um das Kind macht, weil sie aus der fehlenden Antwort schließt, dass es keine Socken, ja nicht einmal ein Zuhause hat („Hast du überhaupt andere Socken?" (Z. 39); „Wo wohnst du? Hast du ein Zuhause?" (Z. 40 f.)) Die Besorgnis der Umstehenden wird immer größer und ein Mann hat sogar den Verdacht, dass das Mädchen die Sprache nicht versteht, weil es nicht antwortet (vgl. Z. 45). Diese Vermutung hat er wahrscheinlich aufgrund des asiatischen Aussehens des Kindes. Aber auch hier findet sich keine Bestätigung des Verdachts, die dazu führt, dass eine schwangere Frau den Schluss zieht, dass das Mädchen Hilfe braucht („Sie signalisiert uns, dass sie Hilfe braucht", Z. 58 f.). Da das Kind sich immer noch in Schweigen hüllt, kommen die Umstehenden überein, dass die Polizei geholt werden muss. („Am besten wir rufen die Polizei." (Z. 63). Durch diese Häufung von Fragen gelingt es dem Autor aufzuzeigen, wie schnell eine solche Situation ohne jegliche Anhaltspunkte eskalieren kann. Allein aufgrund geäußerter Vermutungen, die nie bestätigt werden, schaukelt sich die Situation hoch. Die Fragen und Ausrufe der Passanten geben deren Gedanken wieder. Somit zeigt sich auch, dass Nicht-Wissen zu oft unverständlichen Schlüssen führt und dass das Geschehen eine gewisse Dynamik entwickelt, obwohl das Mädchen nicht weiter getan hat, als in einer Pfütze zu stehen.
Die Geschichte behandelt einen kurzen Ausschnitt aus dem Leben einiger Menschen einige Minuten nach einem starken Regenfall. Die Personen sind Leute, die sich zufällig auf der Straße befinden, also Alltagsmenschen. Im Mittelpunkt der Geschichte steht das Verhalten des vietnamesischen Mädchens, die Gespräche zwischen Vater und Tochter zuvor bilden eine Art Hinführung. Das „unerwartete Ereignis", das hier passiert, stellt sich als Streich des Mädchens heraus. Wie die Handlung weitergehen könnte, kann sich jede Leserin / jeder Leser selbst vorstellen.
Der Autor schreibt in einer einfachen, leicht verständlichen Sprache. Er gebraucht in erster Linie Hauptsätze und einfache Satzgefüge (z. B. im ersten Absatz). Die Wortwahl ist abwechslungsreich, da treffende Verben und Adjektive verwendet werden (Z. 9–11: „wunderbar frisch", „wasserfeste Farben"). Umgangssprachliche Ausdrücke (Z. 17: „Guck mal!") entsprechen dem Sprachniveau der Personen und machen die Geschichte noch authentischer. Fragesätze (Z. 34 ff.) und viel wörtliche Rede bewirken, dass der Text lebendig wirkt. Die Gespräche und der Inhalt der Handlung zeigen zudem Humor. Dieser beweist, dass Kaminer in erster Linie unterhalten will, indem er zeigt, wie sich Menschen in ungewöhnlichen Situationen verhalten.
Damit ist der Text somit eindeutig als Kurzgeschichte erkennbar.
Das vietnamesische Mädchen aus der Geschichte wirkt recht selbstständig. Viele Kinder sind heutzutage überbehütet und die Eltern nehmen ihnen alles ab. Dabei ist es wichtig, dass der Nachwuchs selbstständig wird. Selbstständigkeit ist spätestens dann gefragt, wenn ein Kind in die Schule kommt. Aufgrund der Schülerzahlen kann die Lehrkraft sich nicht um jeden einzelnen Schüler kümmern. Deshalb ist es unabdingbar, dass jeder seine Unterlagen geordnet hat und sich in der Schultasche zurechtfindet. Wenn man in der Lage ist, schulische Aufgaben zuverlässig zu tun, ohne dass die Eltern das kontrollieren, ist der schulische Erfolg möglich. Außerdem ist die Selbstständigkeit in der Schule nicht nur für das Lernen da. Man muss auch andere Dinge in der Schule in Eigenregie regeln können, z. B. den Pauseneinkauf beim Hausmeister oder das Umziehen in der Umkleide vor dem Sportunterricht. Die Schule ist auf jeden Fall ein ausgezeichnetes Übungsfeld, um selbstständig zu werden. Aber auch in der Freizeit ist Selbstständigkeit eine grundlegende Fähigkeit. Ob im Straßenverkehr, beim Einkaufen oder beim Schließen und Pflegen von Freundschaften – überall müssen wir eigenständig handeln, um für unsere eigene Sicherheit und unser persönliches Wohlbefinden zu sorgen. Nur so können wir lernen, unser Leben gemäß unserem eigenen Willen zu gestalten.

Die Geschichte hätte auch folgendermaßen ausgehen können:
Das vietnamesische Mädchen mustert die Umstehenden und watet mit einem Mal aus dem Wasser. „Ich arm, ich sieben Geschwister und kranke Mama.“ Die Kleine schluchzt. Die Umstehenden zeigen sich erschüttert. Einige von ihnen zücken ihren Geldbeutel. Verschämt sammelt das Mädchen ein paar Scheine ein. „Bam, was haste wieder für'n Stuss erzählt! Jetzt sag ich's doch mal Papa!“, tönt es plötzlich im schönsten Berlinerisch von jenseits der Pfütze. Plötzlich rennt das Mädchen los, legt den Finger auf den Mund, als es an uns vorbeisaust, und ist schon verschwunden. „Das is leider meine Schwester“, sagt der Sprecher, ein etwa 14-jähriger Junge im Sportoutfit, „entschuldigen Sie bitte!“ Und dann rennt er dem Mädchen hinterher. Wir kennen die beiden, verraten aber nichts — es sind die Kinder unseres Gemüsehändlers.
Der Autor beschreibt in seiner Kurzgeschichte recht anschaulich, wie ein kleines Mädchen, das vielleicht Beachtung sucht oder dem es auch nur langweilig ist, eine Reihe von Menschen beschäftigen kann. Die Geschichte gefällt mir, da sie einfältige Denkweise humorvoll entlarvt.
Ich finde die Erzählidee von Wladimir Kaminer sehr einfallsreich. Obwohl gar nicht viel passiert, kann man sich das Geschehen gut vorstellen und muss darüber schmunzeln, wie das kleine Mädchen die Passanten hereinlegt. Interessant ist dabei auch, dass alle Herumstehenden nach Erklärungen suchen, die Vietnamesin aber nur ihren Spaß haben will. Man kann sich so gut vorstellen, wie ein an sich belangloses Ereignis aufgebauscht wird, wenn nicht mehr auf die Fakten geachtet wird, sondern jeder in seinen eigenen Vorstellungen und Vorurteilen gefangen bleibt.

6 „Burkina Faso: Kinderarbeit in den Goldminen“ – Eine Reportage erschließen

Seite 54

A Was wird von dir verlangt?

1
A Einleitung
B die Struktur / den Aufbau
C Satzbau – sprachlichen/rhetorischen Mittel
D Beispiel – Zeilennummern
E Textsorte
F Argumentationen – Beispielen/Belegen
G Dialogs – Gefühle
H Schlussteil – Wunsch/Lösungsvorschlag

B Das Textverständnis sichern

Seite 55

2 Mögliche Lösung:
A Charlemagne Sawadogo ist ein Pater, der sich als Seelsorger um Minenarbeiter kümmert.
B Sie arbeiten in den Minen, um mit dem verdienten Geld ihre Familien zu unterstützen.
C Sie verkaufen ihre Tiere, um etwas Geld für Lebensmittel zu haben.
D Das Quecksilber, das dem Waschwasser beigemengt wird, greift die Haut an.
E Sie helfen den Jugendlichen, eine Schulausbildung zu erhalten.

3 Dutzende: Menge von 12 Stück
zur Neige gehen: zu Ende gehen
etwas zutage befördern: etwas ans Licht bringen
Psychose: schwere psychische Störung
inoffiziell: nicht amtlich

Seite 56

4 Der Text informiert über die Kinderarbeit in den Goldminen und darüber, wie schwer es ist, dieser Arbeit zu entkommen.

C Eine Texterschließung zu einem pragmatischen Text verfassen

Die Einleitung formulieren

1 Mögliche Lösung:

vorhandene Angaben	fehlende oder falsche Angaben
– Autorin – Kernaussage (nicht vollständig)	– Titel – Quelle (falsch angegeben) – Textsorte (falsch angegeben)

2 Bei dem vorliegenden Text mit dem Titel „Burkina Faso: Kinderarbeit in den Goldminen“ handelt es sich um eine Reportage. Sie wurde von Lena Hallwirth verfasst und ist auf der Internetseite www.missio.at erschienen. Der Text schildert und informiert über die Kinderarbeit in den Goldminen des afrikanischen Landes und wie schwer es ist, dieser Arbeit zu entkommen.

Seite 57

Den Inhalt des Textes unter Berücksichtigung seiner Struktur zusammenfassen

3

5	Aufklärung und Gespräche durch den Seelsorger Charlemagne	(Z. 69–90)
2	Die Arbeit in den Goldminen	(Z. 15–34)
8	Unterstützung durch die Kirche	(Z. 123–133)
3	Anpassung der Menschen an die Lebensumstände	(Z. 35–50)
1	Beschreibung der Kraterlandschaft im Norden Burkina Fasos	(Z. 8–15)
4	Der Alltag des 15-jährigen Jungen Aboubacar	(Z. 50–68)
7	Gesundheitliche Risiken bei der Arbeit in Goldminen	(Z. 102–121)
6	Schulbildung für das Mädchen Salmata	(Z. 92–101)

4 Durchzustreichen sind: vor der letzten Strophe, unverständlicherweise, in der Unterüberschrift, im Normalfall.

5 Mögliche Lösung:
Zu Beginn beschreibt die Autorin in den Zeilen 8 bis 15 die Kraterlandschaft von Burkina Faso. Dort arbeiten Menschen in Goldminen, so auch der 15-jährige Aboubacar. Damit er sich und seine Familie ernähren kann, nimmt er diese Arbeit bis zur Erschöpfung auf sich, wie **im weiteren Verlauf (Z. 29–34)** zu erfahren ist. **Anschließend** wird beschrieben, dass sich die Menschen aufgrund von Umwelteinflüssen an die Lebensumstände anpassen müssen, was anhand verschiedener Beispiele zum Ausdruck kommt (Z. 35–50). **Schließlich** erläutert Aboubacar in den Zeilen 50 bis 68, warum er nicht mehr die Schule besuchen konnte. Über seine Arbeit als Seelsorger für die in den Minen Arbeitenden informiert im **folgenden Sinnabschnitt** (Z. 69–90) Pater Charlemagne Sawadogo.

Seite 58

6 Mögliche Lösung:
~~„Regelmäßig fährt er mit seinem weißen Jeep über die staubige Straße nach Namisgma und versucht die Kinder und ihre Eltern von der Wichtigkeit einer guten Schulbildung zu überzeugen.“~~ *[keine Zitate in der Inhaltszusammenfassung]* **Immer wieder versucht der Pater die Familien zu einer soliden Schulbildung zu motivieren.** Im nächsten ~~Vers~~ **Abschnitt** (Z. ~~80–84~~, 92–101) wird von dem Mädchen Salmata berichtet, das es durch den Pater und die Unterstützung der Kirche geschafft hat, den Minen zu entkommen und nun die Schule besuchen kann. Dabei wird auch ~~meiner Meinung nach~~ *[keine eigene Meinung in der Inhaltszusammenfassung]* sehr genau auf die Risiken der Arbeit in Goldminen eingegangen (Z. 102–121), denn für viele führt die illegale Arbeit langfristig zum Tod. Dass man erfolgreich die Minenarbeit hinter sich lassen kann, zeigt der ~~Bereich~~ **Sinnabschnitt** von Zeile 123 bis 133. Durch die Hilfe der Kirche können viele Jungen und Mädchen einen Beruf ausüben und sich so ihren Lebensunterhalt verdienen~~, was wirklich toll ist~~. *[keine eigene Meinung in der Inhaltszusammenfassung]*

Die Sprache untersuchen

7

Satzbau	Wortwahl	Stilmittel
– Ausrufesätze – direkte Rede – Einschübe – Ellipsen – Fragesätze – komplizierte Satzgefüge – kurze Hauptsätze – Satzreihen	– anschauliche Verben – ausschmückende Adjektive – Fachbegriffe – Fremdwörter – Neologismus – Redewendungen – umgangssprachliche Wendungen	– Alliteration – Anapher – Antithese – Aufzählung – Hyperbel (Übertreibung) – Metapher – Personifikation – Vergleiche – Wortspiel – Wortwiederholung

Seite 59

8 a Sie wirkt sehr authentisch und entspricht der Realität des Jungen.
b ... Diese Aussage wirkt **sehr authentisch und entspricht der Realität des Jungen.** ...

9 **Satzbau:** einfacher Satzbau (z. B. „Salmata hat auf Pater Charlemagne gehört. [...] die Kosten dafür" (Z. 92–94): häufig nur Hauptsatz oder Hauptsatz + Nebensatz; macht den Text leicht verständlich und flüssig lesbar
Wortwahl: ausschmückende Adjektive (z. B. „kranke" (Z. 100); „hochgiftige" (Z. 110); „giftige" (Z. 119): lebendig; führen der/dem Lesenden die gefährlichen Arbeitsbedingungen vor Augen
Stilmittel: Aufzählung „Gliederschmerzen, Lähmungen, Angstzustände, Psychosen" (Z. 113–115): verdeutlicht die vielfältigen Gefahren der Minenarbeit

Seite 60

Richtig zitieren

10 a + b „Fünf Jahre lang bin ich zur Schule gegangen, aber dann hatten wir kein Geld mehr für die ganzen Schulsachen:", so beschreibt die Autorin in den Zeilen 50 bis 52 die Situation des Jungen anhand einer direkten Rede. (falsch)
Zugleich erhält der Text Fachbegriffe wie **„**Kraterrand**"** (Z. 12 f.) oder **„**Quecksilber**"** (Z. 105). Diese betonen den sachlichen und informativen Inhalt der Reportage. (falsch)
Die Aufzählung „Gliederschmerzen, Lähmungen, Angstzustände, Psychosen" (Z. 114 f.) verdeutlicht, welchen gesundheitlichen Gefahren die Minenarbeiter ausgesetzt sind. (richtig)

Die Textsorte erkennen und belegen

Seite 61

11 + 12

X	Der Text beginnt mit einem szenischen Einstieg.	R
X	Im Text kommen häufig Zitate betroffener Personen vor.	B/R
	Die Sprache des Textes ist sachlich und nüchtern.	B
X	Die Autorin / Der Autor ist immer namentlich genannt.	K/R
X	Fotos veranschaulichen den Textinhalt.	R
	Die Autorin / Der Autor zieht am Ende ein Fazit aus ihren/seinen Überlegungen.	K
	Die Glaubwürdigkeit des Textes wird durch Befragung von Experten verstärkt.	B/R
X	Manchmal wird in einem Zooming-Out die Eingangsszene noch einmal aufgegriffen.	R
	Der Text beschränkt sich auf nachprüfbare Informationen.	B
	Die Autorin / Der Autor will auf die Meinung der Leserinnen und Leser Einfluss nehmen.	K/R
	Um verschiedene Seiten eines Sachverhalts darzustellen, wird die Perspektive gewechselt.	R
X	Die Autorin / Der Autor lässt die Leserinnen und Leser wie durch das Auge einer Kamera unmittelbar an einem subjektiv gefärbten Erlebnisbericht teilhaben.	R
	Die Autorin / Der Autor erklärt Hintergründe und Zusammenhänge, weil sie/er die Leserinnen und Leser von ihrer/seiner Meinung überzeugen möchte.	K/R
X	In dem Text geht es um die Bewertung oder Kommentierung eines gesellschaftlichen, oft gerade aktuellen Problems.	R/K

13 pragmatischen/~~literarischen~~ Text
~~der Autor~~ / die Autorin
(Beschreibung der Kraterlandschaft / ~~Beschreibung der Kinderarbeit~~)
(~~Perspektivenwechsel~~/Zoomtechnik)
Das aktuelle/~~historische~~ Ereignis
vor Ort / ~~am Computer~~
lebendiger/~~informativer~~
zum Leben der Menschen in Burkina Faso / ~~der Menschen auf der ganzen Welt~~

Seite 62

14 Kennzeichen der Reportage ist außerdem der **Perspektivenwechsel.** Dabei kommt nicht nur der Junge Aboubacar (Z. 50–52) und der Pater Charlemagne Sawadogo (Z. 69–79) zu Wort, sondern auch das Mädchen Salmata (Z. 98–101). Auch der Schluss ist charakteristisch für die **Reportage:** Mit der erneuten Anspielung auf die „staubige Erde" (Z. 133) wird die Eingangsszene noch einmal aufgegriffen **(Zooming-Out).** Zudem belegt auch das entsprechend gestaltete **Layout,** dass es sich um eine Reportage handelt. Typisch sind die **Fotos,** die die Berichterstattung ergänzen und einen Leseanreiz bieten. Neugier weckt auch die fett gedruckte **Schlagzeile (Headline)** „Burkina Faso: Kinderarbeit in den Goldminen". Sie regt zur Lektüre an. Aufklärung über den Inhalt des Artikels geben allerdings die **Zwischenüberschriften,** die den relativ langen Artikel strukturieren.

Die Absicht der Autorin erkennen

15 Durchzustreichen sind: A, B, F, G.

16 Mögliche Lösung:
Die Autorin Lena Hallwirth möchte mit ihrer Reportage auf die Kinderarbeit in den Goldminen aufmerksam machen und möglichst genau beschreiben, welche menschenunwürdigen Zustände in den Goldminen in Burkina Faso vorherrschen (vgl. Z. 28–34). Außerdem zeigt sie in den Zeilen 45 bis 52 auf, dass es kaum Möglichkeiten gibt, sich gegen die Kinderarbeit zu wehren, da dadurch die Familien nicht mehr genug Geld auftreiben können, um sich ernähren zu können. Auch dass es bereits Hilfsangebote vonseiten der Kirche gibt, will die Autorin verdeutlichen und damit aufzeigen, dass Schulbildung Kinderarbeit verhindern hilft (vgl. Z. 123–133).

Seite 63

Eine begründete Stellungnahme zum Text schreiben

17 a Mögliche Lösung:
- Bildung hilft gegen Ausbeutung, denn wer lesen und schreiben kann, kennt seine Rechte und verteidigt sie.
- Bildung öffnet uns Türen zur gesellschaftlichen Teilhabe, Veränderungen mitzugestalten und Chancen zu nutzen.
- Ausgebildete Frauen und Männer sind die Voraussetzung für wirtschaftliches Wachstum.
- Bildung ist ein lebenslanger Lernprozess als Ausdruck von geistiger Selbstständigkeit, Urteilsvermögen und Wertebewusstsein.

b Schulbildung ist eine Investition für die Zukunft, weil Bildung uns hilft, aus dem eigenen Leben etwas zu machen. Sie erschließt uns Lebenschancen und öffnet uns Türen zur gesellschaftlichen Teilhabe. Dadurch kann man sich beispielsweise im Beruf einbringen, Geld verdienen, eine eigene Familie gründen und am kulturellen Leben teilnehmen. Man ist unabhängig und kann sich selbst verwirklichen.
Gut ausgebildete und qualifizierte Frauen und Männer sind aber auch die Voraussetzung für wirtschaftliches Wachstum. Sie sichern unseren Wohlstand und ermöglichen gesellschaftlichen Fortschritt. Bildung kurbelt die Wirtschaft an, denn wer einen Job hat, besitzt Geld zum Konsumieren. Man kann sich beispielsweise auch selbstständig in seinem Beruf machen und Mitarbeiter anstellen und schafft damit neue Arbeitsplätze.

Seite 64

Einen offenen Schreibauftrag bearbeiten

19 Mögliche Lösung:
- Ich bekomme kaum Luft zum Atmen.
- Meine kleine Schwester ist viel zu dünn; hoffentlich überlebt sie.
- In ein paar Stunden geht es schon wieder weiter.

20 Mögliche Lösung:

Puh, ist mir heiß. Mein Magen knurrt und meine Hände schmerzen. Wie soll das denn noch weitergehen? Eine Handvoll Reis und ein Stück altes Brot war heute alles, was ich zu essen hatte. Meine Mutter ist mittlerweile so krank, dass sie sich kaum noch um meine kleine Schwester kümmern kann. Beide sind so ausgehungert, dass ich mir große Sorgen um sie mache. Hätte ich doch bloß mehr Zeit! Ich würde meine Mutter unterstützen, doch mein Vater und ich schuften täglich mehr als 12 Stunden in den Minen, um nicht auf noch mehr verzichten zu müssen. Warum musste alles so kommen? Kann mir jemand helfen? Ich schaffe es bald nicht mehr! Papa kann bald nicht mehr in den Goldminen arbeiten; das macht seine Lunge nicht mehr lange mit. Soll ich morgen auf dem Weg nach Hause vielleicht bei dem Dorfdoktor vorbeischauen und nach Tee fragen, der seinen Hustenreiz lindert? Eine gute Idee!

Seite 65

D Den Schluss gestalten

1 Durchzustreichen sind: A, D, E.

2 Die Reportage von Lena Hallwirth hat mich sehr berührt. Mir wurde klar, wie gut es uns hier in Deutschland geht. Wir müssen uns keine Sorgen machen, dass das Essen nicht reicht und wir hungrig ins Bett gehen. Außerdem wissen wir oft nicht, was wir mit unserer Freizeit anstellen sollen. Aboubacar kann sich wahrscheinlich nicht einmal annähernd vorstellen, was Langeweile ist. Deshalb wünsche ich mir für die Zukunft, dass die Kirchen bei der Hilfsarbeit unterstützt werden, um möglichst viele Kinder vor einer Arbeit in den Goldminen zu beschützen, damit sie eine Schule besuchen können und die nötige Bildung erhalten, die jedem Kind zusteht.

Hinweis: Die Lösungen zu den Aufgaben 1 bis 5 kannst du zu einem vollständigen Aufsatz zusammensetzen, wenn du die einzelnen Lösungen zu den Aufgaben verwendest.

7 Christian Linker: „Blitzlichtgewitter" – Einen Auszug aus einem Jugendbuch beschreiben

Seite 67

A Was wird von mir verlangt?

1
5 Ich schreibe im Schluss über meine eigenen Gedanken zu der angesprochenen Thematik bzw. darüber, wie ich den Romanauszug gefunden habe.
1 Ich lese den Text erst einmal genau durch. Mir unbekannte Wörter versuche ich aus dem Zusammenhang zu erschließen oder schlage sie in einem Wörterbuch nach.
4 Ich schreibe im Hauptteil über die einzelnen Teilbereiche, die die Aufgabenstellung von mir fordert.
2 Ich lese nicht nur den Text, sondern auch die Aufgabenstellung gründlich durch. Dann fertige ich auf Grundlage der Aufgabenstellung eine Gliederung an.
3 Ich beginne meinen Aufsatz mit der Einleitung, in der die Quellenangaben und eine Kurzzusammenfassung des Inhalts in einem Satz stehen.

Seite 68

B Den Romanauszug verstehen

1 a + b Mögliche Antworten:
Wer sind die Hauptfiguren? Fabian, sein Freund Raczewski und seine Ex-Freundin Becca, die aber nicht anwesend ist
Wann und wo spielt die Geschichte? am Morgen nach der Feier, im Zimmer von Fabians bestem Freund Raczewski
Worum geht es in dem Textauszug? Fabian wacht nach einer Party auf und erinnert sich entsetzt an die Geschehnisse des vergangenen Abends und sein Fehlverhalten seiner ehemaligen Freundin gegenüber
c Fabian hat seiner schlafenden Ex-Freundin eine Beleidigung auf ihren Bauch geschrieben, sie mit entblößtem Oberkörper fotografiert und die Bilder über einen Messengerdienst an seine Freunde verschickt.

Unbekannte Wörter und Wendungen klären

2 Mögliche Lösung:
Die **Assel** und der **Eimer** sind Spitznamen von Fabians Klassenkameraden.
Eine **MMS** ist eine Handyfunktion für das Verschicken von Bildnachrichten.

3 a Ich ärgere mich über den verpassten Bus.
Ich finde es unmöglich, dass ich in dieser Woche noch eine Schulaufgabe schreiben muss.

Seite 69

b Ich schäme mich über mein Handeln.
Jetzt kann ich nicht mehr verhindern, dass die Bilder von Becca rumgereicht werden.

Das Textverständnis sichern

4 a Durchzustreichen sind:
Fabian telefoniert gleich nach dem Aufwachen mit Becca.
Fabian ist stolz auf seine Tat und betrachtet nochmals die Bilder auf dem Handy.
Fabian weiß ganz genau, was er nun machen will.
Fabian will die Bilder an die BILD-Zeitung schicken, da sie sehr gut sind.
b 1 Fabian wacht nach der Feier bei seinem Freund auf und ist verwirrt.
2 Fabian versucht sich an die Geschehnisse der Party zu erinnern.
3 Fabian findet die Bilder auf seinem Handy, die er von der schlafenden Becca gemacht hat.
4 Fabian ist entsetzt darüber, was er in der Nacht getan hat. Er hat Angst davor, wie Becca davon erfährt und welche Folgen es hat.
5 Fabian will die Freunde überreden, die gesendeten Bilder zu löschen, aber er verwirft den Gedanken.
6 Fabian ist verzweifelt und bittet seinen Freund um Rat.

5 a „Aber ich? Ich war quasi ein toter Mann. Und noch jemand war quasi tot. Becca. An sie hatte ich ja noch gar nicht gedacht! Wann würde sie es erfahren? Von wen? Und was würde sie dann machen? Würde sie sich überhaupt wieder in die Schule trauen? Und ich? Traute ich mich denn noch in die Schule?“ (Z. 66–72)
b Fabian will die Schuld von sich abschütteln, für die das Handy der sichtbare Beweis ist.

Seite 70

6 „ich soll“: Jemand sagt mir, was zu tun ist.
„ich will“: Ich bestimme ganz bewusst mein Handeln, nach meinem eigenen Wunsch.

7 a Blitzlicht: Blitz erhellt das Foto; kurzer Moment, Kurzschluss
Gewitter: gewaltige Naturerscheinung, die oft schwere Folgen hat und eine Bedrohung für den Menschen ist
b Der Titel „Blitzlichtgewitter“ bringt zum Ausdruck, dass Fotos geschossen werden, die unangenehm sind / schwerwiegende Folgen haben. Er verweist auch darauf, dass manchmal Momententscheidungen dramatische Folgen haben können.

8 Es geht um den sorglosen Umgang mit Fotos auf digitalen Medien und die möglichen Folgen.

C Einzelne Aufgaben erarbeiten und üben

In der Einleitung wesentliche Angaben machen

1 Autor: Christian Linker
Erscheinungsjahr: 2008
Verlag: Deutschen Taschenbuchverlag in der Reihe dtv pocket
Thema / knappe Inhaltsangabe: geht es um [...] seine Freunde verschickt.

Seite 71

Den Textinhalt erschließen und zusammenfassen

2 a Plötzlich (Z. 23) – Ich griff wieder nach dem Handy (Z. 48) – Aus dem Handgelenk (Z. 61) – „Hey (Z. 72)
b Mögliche Lösung:
Abschnitt 1: gigantische Scheiße gebaut (Z. 6–7), Party (Z. 14)
Abschnitt 2: nackten Bauch (Z. 33); Doofe Schlampe (Z. 34); an alle möglichen Leute geschickt (Z. 43)
Abschnitt 3: beschwor, die Bilder sofort zu löschen (Z. 54 f.); keinen Sinn (Z. 58)
Abschnitt 4: Wann würde sie es erfahren? Von wem? (Z. 69)
Abschnitt 5: „Und jetzt bereust du's?" (Z. 90); „Was willst du denn machen?" (Z. 101)
c Mögliche Lösung:
1. Sinnabschnitt (Z. 1–22): Fabian wacht nach einer Partynacht auf und spürt, dass etwas Unfassbares geschehen ist. Er erinnert sich aber nur langsam an das Geschehene.
2. Sinnabschnitt (Z. 23–48): Fabian wird sich seiner Tat in allen Einzelheiten bewusst und ist entsetzt.
3. Sinnabschnitt (Z. 48–61): Fabian erkennt, dass er die Bilder an viele Empfänger geschickt hat und er dies nicht mehr ungeschehen machen kann.
4. Sinnabschnitt (Z. 61–72): Fabian wird sich bewusst, dass das Verschicken der Bilder Konsequenzen für ihn und seine ehemalige Freundin hat.
5. Sinnabschnitt (Z. 72–101): Im Gespräch mit seinem Freund wird deutlich, dass Fabian das Geschehene bereut. Es bleibt unklar, was Fabian nun tun wird.

3 Mögliche Lösung:
- wohl zum ersten Mal eine Beziehung hatte (Vermutungen sind nicht erlaubt)
- total frustriert (umgangssprachliche Wendungen vermeiden)
- begeht dann eine große Dummheit, wie ich finde (persönliche Wertung)
- nachdem er seinen verkaterten Kopf wieder einigermaßen frei hat (umgangssprachliche Wendungen vermeiden)
- nichts mehr zu machen. Es ist geschehen. (überflüssige und unsachliche Bemerkung)
- Eine schlimme Sache. (persönliche Wertung an dieser Stelle weglassen)

In dem Romanauszug wird von dem 15-jährigen Fabian erzählt, der nach einer Partynacht im Zimmer seines Freundes aufwacht. Er erinnert sich langsam wieder an die vergangene Nacht und wird sich bewusst, dass er im angetrunkenen Zustand seiner schlafende Ex-Freundin aus Rache das Schimpfwort „Doofe Schlampe" auf den nackten Bauch geschrieben und sie so mit seinem Handy fotografiert hat. Der Schüler reagiert entsetzt und panisch, als er bemerkt, dass er diese Bilder an seinen Freundeskreis verschickt hat. Rasch wird ihm klar, dass er seine Tat nicht mehr ungeschehen machen kann. Das Gespräch mit seinem Freund macht ihm das Problem noch deutlicher; er schämt sich für seine Tat und weiß nun nicht, wie er mit den Folgen seines Tuns umgehen soll.

Die Sprache entsprechend der Aufgabenstellung analysieren

4

Satzbau	Wortwahl	Stilmittel
– Zitate	– Fremdwörter	– Anapher
– Aussagesätze	– Neologismen	– Symbol
– lange Satzgefüge	– englische Wörter = Anglizismen	– Aufzählungen
– Ausrufesätze	– Fachbegriffe	– Alliterationen
– Ellipsen	– anschauliche Verben und Adjektive	– Klimax
– kurze Hauptsätze	– Abkürzungen	– Ironie
	– umgangssprachliche Wendungen	– Personifikation
		– Metapher

Seite 72

5 a Mögliche Lösung:
Fabian fühlt sich schuldig, weil er erniedrigende Bilder seiner Ex-Freundin ohne deren Einverständnis im Bekanntenkreis herumgeschickt hat. (Z. 31–40)
Fabian fühlt sich unverstanden, weil sein Freund wissen will, was sein Problem ist. (Z. 92–96)
Fabian fühlt sich unwohl, weil er anfangs nicht mehr genau weiß, was am Abend zuvor geschehen ist. (Z. 6–8)
Er empfindet Wut auf sich selbst und das, was er getan hat. (Z. 92–93)
Er empfindet Scham vor den anderen und vor Becca, weil er nicht weiß, wie er mit der Situation umgehen soll. (Z. 71–72 und Z. 100)

b Mögliche Lösung: Fabian, der Jugendliche, er, der Schüler, Beccas Ex-Freund, der Junge

c Mögliche Lösung:
Fabian fühlt sich schuldig, weil er erniedrigende Bilder seiner Ex-Freundin ohne deren Einverständnis im Bekanntenkreis herumgeschickt hat (vgl. Z. 31–40). Er ist verwirrt, da er anfangs nicht mehr genau weiß, was am Abend zuvor geschehen ist (vgl. Z. 6–8). Der Schüler ist wütend auf sich selbst und das, was er getan hat, um sich an seiner Freundin zu rächen (vgl. Z. 92–93). Zudem schämt er sich vor den anderen und vor Becca, weil er nicht weiß, wie er mit der Situation umgehen soll (vgl. Z. 71–72, 100). Im Gespräch mit seinem Freund fühlt sich Fabian auch unverstanden, weil dieser zuerst nicht nachvollziehen kann (vgl. Z. 92–96).

6 a Mögliche Antwort:
Und hatten wir dabei irgendwas mit unseren Handys gemacht? (Z. 20–21)
Aber warum? (Z. 22)

b Die Leserin / Der Leser wird so in Fabians Gedankengänge unmittelbar miteinbezogen.

Seite 73

c Mögliche Antwort:
Z. 20–22: Fabian kann sich nicht mehr genau an sein Handeln am Abend zuvor erinnern, aber er ahnt, dass er mit seinem Handy etwas Verbotenes getan hat.
Z. 69 f.: Fabian hat die Fotos an viele Bekannte verschickt. Er ahnt, dass jemand auch Becca darüber informieren wird, aber er weiß nicht, wer das sein wird. Die Bilder sind viral und er kann ihre Verbreitung und die Folgen für Becca nicht mehr beeinflussen.

7 a Umgangs- und Jugendsprache: authentische Wiedergabe der Gedanken und Empfindungen eines Jugendlichen; jugendliche Leser/-innen können sich gut in Fabian hineinversetzen
Wiederholen von Begriffen/Namen: macht deutlich, worum Fabians Gedanken in diesem Moment kreisen
treffende Verben: lebendige Darstellung des Verhaltens
anschauliche Adjektive: veranschaulichen Fabians erschrockene Reaktion und die damit verbundenen Gefühle

b Mögliche Lösung:
Umgangs- und Jugendsprache: „eine unglaublich gigantische Scheiße!“ (Z. 6 f.)
Wiederholung von Begriffen/Namen: „Die Bilder“ (Z. 87 f.)
treffende Verben: „Ich fuhr zu ihm herum“ (Z. 92)
anschauliche Adjektive: „einem dumpfen Schlag“ (Z. 63)

Seite 74

8 F „Im Schneckentempo“: Metapher
A „Beccas Gesicht [...] Beccas Gesicht“: Anapher
E „Gekritzelte, verrutschte, aber lesbare Buchstaben“: Aufzählung
B „als wäre es ein Brocken Hundekot“: Vergleich
C „Mein Daumen [...]. Aber ich sagte ihm“: Personifikation
D „Ich bin super stolz drauf“: Ironie

9 Der Text enthält viele Fragesätze, wie beispielsweise in den Zeilen 20–22. Hierdurch stellt der Autor die Gefühle, die Fabian durch den Kopf gehen, in vielen Gedankenfetzen dar.
In den Zeilen 22–25 beschreibt Fabian, dass in seinem Kopf „ein irrer Trailer" (Z. 23) abläuft. Mit dieser Metapher, die einen Ausdruck aus der Jugendsprache und einen Anglizismus enthält, wird verdeutlicht, dass Fabians Erinnerungen wie in einem verrückten Film vor seinen Augen ablaufen.
Im vorliegenden Text kommen einige Anaphern vor, dies wird etwa in den Z. 56 und 60 deutlich: „Mein Daumen [...] Mein Daumen". Diese Wiederholungen des gleichen Satzanfangs machen deutlich, dass Fabian in diesem Moment wie ferngesteuert handelt. Nicht er, sondern sein Daumen handelt.

10 Mögliche Lösung:
Durch die umgangssprachlichen Wendungen können sich die Leser/-innen gut in den Text hineinversetzen und Fabians Gefühle und Empfindungen nachvollziehen. Der Text wirkt so sehr authentisch, weil die Sprache der Jugendlichen verwendet wurde.

Seite 75

11 Mögliche Lösung:

Im Textauszug werden Fabians Gefühle und Empfindungen durch zahlreiche sprachliche Mittel genauer beschrieben. Viele Umgangs- und jugendsprachliche Wendungen wie „glotzte auf den Ellenbogen. Jep, eine dicke Schramme" (Z. 19 f.) stellen eine authentische Wiedergabe der Gedanken und Empfindungen dar. Fabians Erinnerungen kehren am Morgen danach langsam wieder zurück und ein „irrer Trailer" (Z. 23) läuft vor seinem inneren Auge ab. Wie in einem wirren, schrecklichen Film wird ihm vor Augen geführt, was am Abend zuvor geschehen ist. Die Wiederholung von bestimmten Begriffen und Namen (z. B. „Becca", Z. 24) macht deutlich, worum Fabians Gedanken in diesem Moment kreisen. Durch treffende Verben wird seine Stimmung eindrücklich wiedergegeben und sein Verhalten wird lebendig dargestellt („Ich fuhr zu ihm herum", Z. 92). Die anschaulichen Adjektive geben Fabians Stimmung eindrücklich wieder, so dass sein Verhalten lebendig dargestellt wird („ließ mich völlig kraftlos rücklings auf die Matratze fallen", Z. 41 f.).
Auch Fragesätze (z. B. Z. 20–22) lassen die jungen Leser/-innen an Fabians Gedanken teilhaben und vermitteln seine Gefühle.
Die Metapher „[i]m Schneckentempo" (Z. 29 f.) veranschaulicht, wie angespannt Fabian wegen seiner Tat und der nur bruchstückhaften Erinnerung daran ist. In den Zeilen 31 f. wird mit der Anapher „Beccas Gesicht [...]. Beccas Gesicht" deutlich gemacht, wie sehr Fabian über das Geschriebene entsetzt ist. Die Personifikation seines Daumens macht deutlich, dass Fabian wie ferngesteuert handelt. Nicht er, sondern sein Daumen bedient das Handy (vgl. Z. 56–61).
Fabians Erinnerung kommt langsam zurück und sein Entsetzen wird offensichtlich, als er die „gekritzelte[n], verrutschte[n], aber lesbare[n] Buchstaben" (Z. 35 f.) wieder vor Augen hat. Er empfindet Ekel und Abscheu vor dem Handy, mit dem er die Tat begangen hat („als wäre es ein Brocken Hundekot", Z. 62 f.). Der Schüler spürt verzweifelte Wut, wenn er ironisch anmerkt: „Ich bin super stolz darauf" (Z. 92 f.). Zudem hat er Angst vor Beccas Reaktion („Ich kann gar nicht erwarten, bis Becca davon erfährt", Z. 93 f.).

Abwechslungsreich zitieren

12 a Wie beispielsweise in den Zeilen 20–22
In den Zeilen 22–25 beschreibt Fabian
dies wird etwa in den Zeilen 56 und 60 deutlich

b Mögliche Lösung:
Durch die Metapher „Ich sprang wie elektrisiert auf" (Z. 25) wird veranschaulicht, wie erschrocken Fabian ist, als seine Erinnerungen langsam zurückkehren.
In Zeile 25 heißt es: „Ich sprang wie elektrisiert auf." Diese Metapher verdeutlicht, dass Fabian sehr erschrocken ist, als er sich wieder an die Ereignisse auf der Feier erinnern kann.

Bezüge zur Zielgruppe herstellen und beabsichtigte Verhaltensänderung beschreiben

13 a Jugendliche

b Mögliche Lösung:

Der Text richtet sich, wie bereits bei der Sprachanalyse erwähnt, in erster Linie an **jugendliche** Leser/-innen. Diese werden durch den jugendsprachlich gefärbten Romanauszug, z. B. durch Ausdrücke wie **„irrer Trailer" (Z. 23),** angesprochen, da dieser Sprachstil dem der Jugendlichen sehr ähnlich ist und sie sich darin wiedererkennen. Zudem richtet er sich auch an die Eltern der Jugendlichen, weil **auf die Probleme, die durch einen zu sorglosen Umgang mit Handys entstehen können, hingewiesen wird. Im vorliegenden Buch wird ein Fall von Cybermobbing beschrieben, der für alle Beteiligten weitreichende Konsequenzen hat.**

Seite 76

c Mögliche Lösung: ... sie sich darüber bewusst werden, dass das unerlaubte Fotografieren anderer und die Verbreitung dieser Bilder eine Straftat darstellen.

Begründet Stellung nehmen

14 Mögliche Lösung:

A Bilder verbreiten sich unkontrolliert; Opfer ist dem Mobbingmaterial überall ausgesetzt ist; Opfer kann sich nicht zur Wehr setzen

B Schulbesuch wird durch Scham zur Tortur oder unmöglich; Opfer fühlt sich nirgends mehr sicher; Bilder im Internet verschwinden nie komplett, können z. B. die berufliche Zukunft beeinträchtigen

15 Mögliche Lösung:

Fabians Verhalten nennt man auch Cybermobbing. Diese Form des Mobbings ist für die betroffenen Opfer besonders schlimm, denn es ist kaum möglich, die Verbreitung unerlaubter Bilder im Netz oder über Messengerdienste zu stoppen. (Behauptung) Das Bildmaterial wird von einer zunehmend unüberschaubareren Menge geteilt und das Opfer fühlt sich dem schutzlos ausgeliefert. Es weiß nicht mehr, wer das verletzende Bildmaterial gesehen hat und wie die einzelnen Personen damit umgehen. (Begründung) Somit wird das Mobbingopfer zum Beispiel auch unsicherer im Umgang mit anderen und kann möglicherweise aus Scham nicht mehr die Schule besuchen. (Beispiel)

Aber nicht nur die aktuellen Folgen machen den Opfern das Leben schwer. Oft tauchen solche Bilder nach Jahren wieder auf und schädigen das Opfer. (Behauptung) Das Internet vergisst eben nichts und so kann man eine solche Sache wie in dem Romanauszug eigentlich gar nicht aus der Welt schaffen. Das Opfer wird immer wieder damit konfrontiert. (Begründung) Wenn man dann z. B. eine Arbeitsstelle hat, wo im Kollegenkreis solche bloßstellenden Bilder herumgezeigt werden, ist das auch lange nach dem konkreten Vorfall noch einmal ehrverletzend. (Beispiel)

Die offene Schreibaufgabe – einen persönlichen Brief bearbeiten

16 Schreibe aus Sicht Fabians einen **Brief an Becca,** in welchem er sich **entschuldigt** und **Lösungswege aufzeigt,** um die Situation für beide erträglicher zu gestalten.

Seite 77

17 a Mögliche Lösung:

Angst vor Hänseleien und Spott in der Schule.
Scham wegen der erniedrigenden Bilder von ihrem nackten Oberkörper
Unsicherheit, wer die Fotos von ihr zu sehen bekommen hat

b Mögliche Lösung:
Angst: vor den Reaktionen der Mitschüler
Wut: über Fabians Verhalten
Scham: wegen der Aufnahmen ihres nackten Oberkörpers und dem Schriftzug auf ihrem Bauch

c Mögliche Lösung:
2. sich an die Schulleitung wenden, damit die Schulpsychologin / der Schulpsychologe das Thema mit den betroffenen Klassen aufarbeitet
3. sich selbst anzeigen und Becca damit zeigen, dass er eine Bestrafung verdient hat, auch wenn dies ihre Situation nicht mehr ändern wird

d Mögliche Lösung:
ich hab riesigen Mist gebaut; ich war so ein Idiot; das kann man durch nichts entschuldigen; ich würde alles dafür tun, es ungeschehen zu machen; ich bedauere es zutiefst; es tut mir in der Seele weh

18 Mögliche Lösung:

Liebe Becca,

ich weiß, dass ich vermutlich der Letzte bin, von dem du etwas hören willst. Du musst mir glauben, dass mir das alles unendlich leidtut. Mir ist klar geworden, wie ich dich durch mein unüberlegtes Verhalten verletzt habe.
Ich war nicht bei Sinnen, als ich dir das angetan habe; ich war so wütend und verzweifelt, weil du mich verlassen hattest. Auf der Party hatte ich zu viel getrunken – ich weiß das. Und ich will mich auch nicht mit meinen Gefühlen oder dem Alkohol rausreden – ich trage die Verantwortung für das, was ich getan habe.
Ich würde alles dafür geben, mein idiotisches Verhalten rückgängig zu machen. Ich weiß, dass das nicht geht. Aber es ist mir wichtig, dass ich deutlich mache, wie sehr ich mein Tun bereue. Vielleicht können wir uns einmal treffen, ich würde mich so gerne persönlich bei dir entschuldigen.
Würde es dir helfen, wenn ich meine Entschuldigung offiziell mache? Dass ich also allen unseren Freunden und Bekannten sage, wie leid mir diese Nachrichten tun? Wenn es dein Wunsch ist, entwerfe ich einen Text, den du dann vorher gegenlesen darfst, bevor ich ihn an alle verschicke.
Verzeihen wirst du mir vermutlich nie, aber wenn du meine Entschuldigung annehmen könntest, dann würde mir das schon viel bedeuten. Könntest du dir das vorstellen?
Wenn du dich überwinden kannst, dann gib mir doch ein Zeichen. Egal wie.
Es tut mir so leid – bitte glaube mir das!

Dein Fabian

Seite 78

Die eigene Meinung im Schluss begründen

19 Mögliche Lösung:
Mich hat der Romanauszug sehr nachdenklich gestimmt, weil auch in meinem Freundeskreis sehr leichtfertig mit Nachrichten und Bildern umgegangen wird.
Ein ähnlicher Vorfall wie der im Buch geschilderte ist mir auch bekannt. Hierbei wurde allerdings niemand so heftig geschädigt wie in dem Roman.
Ich würde den Roman gern ganz lesen, da der Textauszug sehr spannend war und mich das Thema wirklich sehr anspricht.

D Angemessen formulieren

1 a/b A motzt; verpennten: Fabian antwortet ungehalten auf die Fragen seines verschlafenen Freundes.
B kann einem echt leidtun: Becca wird zum Opfer eines Racheaktes und ist zu bedauern.
C ist fix und fertig: Fabian ist erschüttert, als er sich seiner Tat bewusst wird.
D eigentlich wirklich klasse: Sein Freund verhält sich richtig, weil er Fabian beisteht.
E hockt; völlig geschafft: Er sitzt energielos und müde auf seinem Bett.